包容是大自然的拿手好戏

青春美文精品集萃丛书·拿手好戏系列

《语文报》编写组 选编

时代文艺出版社

图书在版编目（CIP）数据

包容是大自然的拿手好戏 /《语文报》编写组选编.
-- 长春：时代文艺出版社，2021.6
（青春美文精品集萃丛书. 拿手好戏系列）
ISBN 978-7-5387-6760-5

Ⅰ.①包… Ⅱ.①语… Ⅲ.①作文－中小学－选集
Ⅳ.①H194.5

中国版本图书馆CIP数据核字(2021)第096482号

包容是大自然的拿手好戏
BAORONG SHI DAZIRAN DE NASHOU HAOXI
《语文报》编写组　选编

| 出 品 人：陈　琛 |
| 责任编辑：徐　薇 |
| 装帧设计：孙　利 |
| 排版制作：隋淑凤 |

出版发行　时代文艺出版社
地　　址　长春市福祉大路5788号　龙腾国际大厦A座15层　（130118）
电　　话　0431-81629751（总编办）　0431-81629755（发行部）
网　　址　weibo.com/tlapress（官方微博）　sdwycbsgf.tmall.com（天猫旗舰店）
开　　本　880mm×1230mm　1 / 32
字　　数　135千字
印　　张　7
印　　刷　三河市嵩川印刷有限公司
版　　次　2021年6月第1版
印　　次　2021年6月第1次印刷
定　　价　36.00元

图书如有印装错误　请寄回印厂调换

编 委 会

主　　编：刘应伦

编　　委：刘应伦　赵　静　李音霞
　　　　　郭　斐　刘瑞霞　王素红
　　　　　金星闪　周　起　华晓隽
　　　　　何发祥　朱晓东　陈　颖
　　　　　段岩霞　刘学强

本 册 主 编：马漠寒　李　政
本册副主编：马巧丽　杜会平

Contents
目　录

心灵的花园

心灵的花园　/　申荣强　002
心中自有花满园　/　孟宪聪　004
那个温柔的人　/　王　石　006
我眼中的爸爸　/　党敬波　008
我和爷爷开了个玩笑　/　陈东辉　010
爷爷的"新潮生活"　/　韩　博　012
手机去哪儿了？　/　宋琳琳　014
月儿弯弯　/　张贺甜　016
我和爸爸的"战争"　/　王一凡　019
我的爸爸是"懒虫"　/　于浩淼　021
我爱爸爸的背　/　蒋依欣　022
我的好妈妈　/　孙文佳　024
夏日趣事：捉蛐蛐儿　/　杜子轩　025
雪地捕鸟　/　窦奕辰　027
捉竹牛　/　范晓飞　030

我放走了那只蚂蚱 /	王佳旭	032
我会砸核桃了 /	陈宇昂	034
买菜记 /	翟阳阳	036
记我第一次包饺子 /	张苗苗	038
记初次喝茶的经历 /	赵朝进	040
会牺牲的蜡烛 /	周东圳	042

失踪的巧克力

给我宝贝钢笔的一封道歉信 /	王祥祥	046
集市交响曲 /	陈一雄	048
永不言弃 /	朱茗永	050
爸爸，我想当一天树 /	王雅欣	052
做一只吃肉的兔子 /	常露露	054
写给竹子的信 /	王若雨	056
如果每周都有星期八 /	陈福庆	058
爷爷的生日礼物 /	张家豪	060
姐姐的爱 /	李婉婷	062
我爱你，妈妈 /	范盼盼	064
相亲相爱的一家人 /	王东明	066
阿毛，我为你哭泣 /	张文静	068
有趣的乌龟 /	刘 娜	071
给小狗毛毛的一封信 /	曹将将	072
可爱的小狗 /	邢新荣	074

捉迷藏　/　谢　冰　075
记一次探险　/　李以恒　077
失踪的巧克力　/　孔云辉　079
我"哭"出了第一　/　刘卓群　081
想念你，我的老屋　/　丁天宇　083
"红靴子"的主人　/　陆明皓　085
放风筝　/　王慧昕　087
放风筝的启示　/　孙福佳　089

奔跑吧，友谊

新编亡羊补牢　/　雷舒寒　092
陶罐和铁罐后传　/　加一帆　094
半途而废的天鹅　/　胡紫程　096
新小猫钓鱼　/　冯　成　098
每一天都是新的　/　孙　静　100
这个学年，我战胜了胆怯　/　赵天祥　102
最漫长的等待　/　罗依然　104
买菜初体验　/　王　慧　106
不以成败论英雄　/　杨子鑫　107
一场足球友谊赛　/　黄　琰　109
绿豆糕争霸赛　/　张林祺　111
团结就是力量　/　李　慧　113
足球比赛　/　梁浩明　115

记一次难忘的运动会 / 张 旭	117
奔跑吧,友谊 / 张严宇	119
我是冠军 / 魏 喆	121
难忘的一夜 / 于一凡	123
无惧挫折,花开不败 / 徐 婧	125
外婆家的小菜园 / 杨驰野	127
农耕乐园的秋天 / 于亚茹	129
我爱美丽的家乡 / 黄 赛	131
家乡的小河 / 张思语	133

生活处处是知识

我爱你,美丽的秋 / 张 辉	136
秋天在哪里 / 胡世豪	138
秋游小记 / 张鹏坤	140
我成了一家之主 / 张 慧	142
我的短暂"生意"经历 / 赵文青	144
"改革"入我家 / 刘新宇	146
生活处处是知识 / 闫佳音	148
一杯茶,一人生 / 陶婷婷	150
借我一个星期八 / 李高照	151
第一次西红柿炒蛋 / 翟世界	153
除夕夜话 / 李晓雪	155
地球妈妈的忠告 / 田小宽	157

花开满园	谢雨欣	159
下雪之乐	路杨涛	161
秋天的校园	郭玉宏	163
最爱桃花	曹权威	165
林中的故事两则	朱鸿飞	166
勇于尝试的小草	史明威	169

如诗如梦的秋雨

团结的蜜蜂	段梦情	172
苹果树与小女孩儿	张效洋	174
我爱夏天的火红	赵雪霞	176
神奇三夏,如诗如画	辛书豪	177
热闹的夏天	牛浩然	179
我喜欢夏天	任翔宇	181
迷人的秋雨	尚 林	183
金黄的秋,收获的秋	王刘宁	185
如诗如梦的秋雨	徐秋雨	187
诗意的秋天	张嘉斌	189
我收到了冬天的礼物	陈 冲	191
武汉的冬天	汲晨曦	193
关于打预防针的对话	吴书涵	196
我和我的"老铁"	梁靖宇	198
我的同学——小胖	何浩斌	200

对不起，军军 / 张文瑞 202

我眼中的李老师 / 马文涛 204

我的老师——李强 / 梅语昕 205

最喜欢的补课班 / 王慧茹 207

新的教室 / 李晨旭 209

给大自然的一封信 / 单怡情 211

请保护好我 / 钱君蕊 213

心灵的花园

心灵的花园

申荣强

每个人的内心都有一个花园,在那里亲人们用各自的爱和关怀培植各色鲜花,让心灵百花盛开,光彩夺目。

美丽又勤劳的康乃馨

这朵康乃馨代表的当然是我那勤劳的妈妈。在我上学的时候,妈妈每天早上六点就起来了,给我做饭。等我起床穿好衣服时,家里已经被妈妈收拾得干干净净的。虽然皱纹已经过早地爬上了她的脸,可是在我看来康乃馨永远是最漂亮的。

辛勤的向日葵

　　向日葵向着太阳，就说明了它想要一个和平的世界，我的爸爸也是如此。我的爸爸是一名警察，他的任务就是抓住那些小偷，保护他人的安全。另外，他还是我们家的司机，有一次在他送我的时候，我给他讲了一个笑话，就把他逗得哈哈大笑。他的笑声，我永远也忘不了。

百依百顺的牵牛花

　　奶奶就是一朵牵牛花。
　　有一次，学校要做手工。我请奶奶帮忙，奶奶露出了笑容说："没问题，明天一定给你做好！"我说："好！"我吃过晚饭就去睡觉了，到了深夜，我起来上厕所时，看到了对我百依百顺的奶奶还在为我做手工。
　　第二天，我去了学校，我带去的手工被老师评为了一等奖，这可都是奶奶的功劳啊！
　　美丽又勤劳的康乃馨，辛勤的向日葵，百依百顺的牵牛花，我会永远深深地爱着你们。
　　这座花园里有各种各样的花，但是这几朵花，我永远不会忘记。因为这几朵花，代表了我的爸爸，妈妈，爷爷，奶奶。

心中自有花满园

孟宪聪

我喜欢去花园,看那百花各有特色,却都一样美丽,点亮了整个花园。在我的心里,也有一座花园,花园里充满爱与温暖,给我以自信和激励。

点燃我自信的向日葵

有一次我参加了一个活动,可是我不敢上台表演节目。我很紧张,心想:要是搞砸了怎么办?要是忘了怎么办?要是跟不上节奏怎么办?忽然妈妈走过来对我说:"你一定可以的,妈妈相信你!"我点点头,自信满满地走上了舞台。

给我鼓励的康乃馨

有一次我参加了一场接力赛，可我很紧张，心想：如果摔倒了怎么办？如果跑不动了怎么办？爸爸拍拍我的肩膀对我说："只要你勇敢地向着目标，就一定会胜利的，爸爸相信你。"正是这句话鼓舞着我跑完了全程。

激励我成长的梅花

在一个冬天，姑姑带我去游乐场滑冰，我开心极了。可在顶峰往下滑的时候，我一看到这个高度就怕的不得了，姑姑温柔地对我说："只要你从这滑下去，姑姑给你奖励，相信你可以的。"在姑姑的激励下，我顺利地学会了滑冰。

我的心中有一座亲情的花园，它们给了我自信，给我鼓励，每一朵鲜花都代表着每一个人对我的关爱。

那个温柔的人

王 石

刘老师长着一头乌黑浓密的长发,一对大眼睛忽闪忽闪的,一个微微翘起的鼻子,一张樱桃小嘴里有两排整齐洁白的牙齿。没有什么特殊的,可是你仔细看的话,她的眼睛还会说话呢!

上课的时候,我起来回答问题总是声音很小,她就用慈祥的眼光看着我,好像在说:"声音再大一点儿。"

有一次,我们在玩捉迷藏的时候,刘老师数数,我们藏。"1,2,3……"等刘老师数完的时候,楼道里已经鸦雀无声。有一个人藏到一个很明显的地方,老师很快就看到了他,她只用明亮的眼睛看着他,好像在说:"哈哈,终于找到你了。"那个同学就乖乖出来了。

刘老师还教我们弹古筝。我每次去古筝教室学古筝,刘老师都早就到了,她一笑,眼如月牙,好像在说:"欢迎你们的到来。"我说："我来了。"她笑着对我说："来，我给你把假指甲戴上。"她微笑着给我戴指甲，我心里一下子感觉无比温暖。我学过的每一首曲子，弹错了，老师也不生气，而是认真地纠正我的错误，学新曲子的时候，她也带着我一小段、一小段地弹。

我眼中的刘老师是慈祥的，温柔的，她的眼睛是会说话的，你喜欢吗？

我眼中的爸爸

党敬波

我眼中的爸爸是什么样子？他的头发黑亮黑亮的，明亮的眼睛总是闪闪发光地看着我，牙齿白而发亮闪着光芒，眉毛总是弯弯的像月牙一样。不知为什么，他每天都爱穿黑色的衣服，看上去真滑稽。

还有最重要的一点，他是那个让我哭笑不得的人，是我最亲爱的人。

每次我们一家三口玩捉迷藏，他都能让我们全家笑起来。有一次爸爸找了好长时间，就是没找到我们，爸爸说："可能藏在钱包里了？"他找了找，没有，又找了找抽屉里，没有……这时，妈妈总能发出一阵笑声，爸爸就顺着笑声找到了妈妈。爸爸问："你看见儿子了吗？"妈妈笑而不语，爸爸围着妈妈转来转去，我藏在妈妈身后也随着转来转去。爸爸这时突然改变方向转了，他"啪"的一下抓住了我说:"哈哈,抓住你啦!"

我的爸爸是一个让我们全家开心的爸爸。

我和爷爷开了个玩笑

陈东辉

小时候，听妈妈说，我虽然是个男孩子，但心灵手巧，很多女孩子不会的手艺，我都能学会。比如——编辫子。不过，我那时候仍然有男孩子的淘气，学会编辫子之后见什么就编什么，帽子上的假发、家里的门帘，甚至有一次，我还和爷爷开了个玩笑，连爷爷的胡子，也没逃出我的手掌。

那天晚上，我们全家都在院子里乘凉，爷爷舒舒服服地躺在凉椅上睡着了，还打着响亮的鼾。我却嫌天太热，睡不着。于是不安分地动起"坏心眼"：给爷爷编胡子！

刚好家里其他人都进屋看电视了，好机会！我兴高采烈地拿出妈妈平时给我梳头的小梳子，试着慢慢先把爷爷的胡子梳通，哈哈，爷爷竟然没醒，于是我就专心致志地编了起来。

我先把爷爷的胡子分成三撮儿，把每一撮儿又分成三股，然后你压它，我压你地编好了一绺儿，我还偷偷拿来了妈妈扎头的皮筋，把胡子绑了起来。只是我才刚开始编第二撮儿，爷爷的头突然摆动了几下，我吓得赶快往屋里跑。

爷爷醒了，他收起凉椅走进屋。爷爷刚一进屋，妈妈首先见了爷爷，不禁咯咯地笑了起来。爸爸、奶奶、哥哥闻声回头一看，也跟着笑了起来。爷爷不知自己出了什么丑，便上下瞧瞧，拽拽衣襟，拉拉衣袖，大家看得更欢乐了。爷爷想不通，右手习惯性地去摸胡子，这下终于知道怎么回事了，看着偷偷躲在爸爸后面的我，摇摇头，笑着说："小辉，你可真淘气。"我瞧着爷爷那滑稽样，笑得抱着肚子说不出话来。

这一刻，我和爷爷开的这个玩笑，让我家充满了欢乐，也充满了笑声。

爷爷的"新潮生活"

韩 博

爷爷今年七十了,但他一点儿都不老,还很喜欢"新潮"的东西。

这不,自从我家添了一个方方正正的新成员——电脑,爷爷整个生活都变得"新潮"了,玩起电脑来,比谁的积极性都高,很快就成了"电脑专家"。

看一看爷爷每天的日程安排吧:起床,开电脑,种菜收菜;吃过早饭,玩电脑,看豫剧;吃过午饭,睡午觉,起床,开电脑,种菜偷菜,看新闻,斗地主。

爷爷真是与时俱进,买了电脑还不够,扫描仪、摄像头、耳机什么的都配套购买。他那间屋子实现了真正的现代化。我总是劝爷爷少玩一会儿,别累着自己了。每逢这时,他就会瞪大他那很老却很有神的眼睛,郑重其事地说道:"活到老,学到老。电脑是新事物,我得'与时俱进'嘛！"瞧他那正经样，还"与时俱进"了，现在谁还玩"偷菜"啊。

爷爷有两个QQ，一个用来偷菜，一个用来和网友聊天。他有许多网友，你来我往，有时还开个小聚会，跟一群年轻人似的。

我佩服爷爷的"新潮生活"，爷爷虽然读过书，但拼音不够好，刚开始聊天的时候打字速度特别慢，爷爷为了跟上别人的速度，一个人学会了五笔输入法，那键盘上密密麻麻的字根，他竟然都能记得住，这一点，很让我佩服。

我觉得爷爷的"新潮生活"并不是为了享受，或者图个热闹，而真的是活到老，学到老。他这种善于学习的劲头，值得我学习。

包容是大自然的拿手好戏

手机去哪儿了？

宋琳琳

今天一上午，我们家都是在紧张的忙碌中度过的。

事情源于一早上，爷爷出门前给他一个老战友打过一个电话，然后，爷爷就发现手机不见了。

爷爷一个劲儿念叨着："老了老了，不中用了。"急得满头大汗，这个屋里跑一圈，那个房里转一圈，像热锅上的蚂蚁，弄得全家不得安宁。"孙女，前天我花五千块钱刚买的手机找不着了，赶快帮我找一下。"爷爷这一叫，把全家都给叫了起来，来了个手机大搜查。

爸爸力气大，翻沙发；妈妈心细，找抽屉，翻柜子；就连平时不爱管闲事的奶奶也起身在床上和被子里找。我个子小有优势，可以钻到床下找。把家里翻了个底朝天，还是没找着。后来我把爷爷找来，也给他来了个大搜身，也没有。爷爷无精打采地坐到沙发上说："我刚才还打了一个电话，怎么一下子就不见了呢？"我灵机一动，爷爷的手机也许是开着的，一个箭步迈到电话旁，拨爷爷的手机号码。打不通，我沮丧地低下头，爷爷的手机可能没电了。

  一大家子人忙碌了一上午，没有收获，只能无奈放弃。妈妈去厨房做饭，突然，我听到妈妈高兴地说："手机找着了。手机在菜篮子里。"爷爷猛地从沙发上一跳，拿手掌拍了一下脑门说："我买菜回来，把手机和菜一块放进去了。"全家人都笑了起来。

月儿弯弯

张贺甜

"弯弯的月儿,小小的船,小小的船儿两头尖,我坐在小小的船里面……"这是小时候爷爷和我坐在繁星点点的夜空下经常唱的一首歌,每次我都让爷爷唱,而爷爷就用他那五音不全的嗓音哄我入睡——我百听不厌,他也乐此不疲。

爷爷的头发很稀少,我想大概是我小时候爱抓爷爷的头发的原因吧。爷爷眼睛不大,却也炯炯有神,他最突出的就是眼睛上那两撇浓眉,特别长,每天他都得摆弄一番才肯罢休。爷爷很爱干净,也很勤快,每天起得很早,把家里的大门敞开,仔细地打扫一遍,才满意地点点头,接着就去晨跑了。

小时候,我因为考试考砸了便和爸妈吵了一架,我哭着去找爷爷,晚上爷爷牵着我的小手走到院子里,坐下,让我仰望天空,映入眼帘的又是一片星空,满天的星星在夜的摇篮里安详地睡着。爷爷给我讲了一个故事:相传在月亮上有一棵高五百丈的月桂树。汉朝时有个叫吴刚的人,醉心于仙道而不专心学习,因此天帝震怒,把他禁留在月宫,令他在月宫伐桂树,并说:"如果你砍倒桂树,就可获仙术。"吴刚便开始伐桂,但吴刚每砍一斧,斧起,而树创伤就马上愈合。日复一日,吴刚伐桂的愿望仍未达成,因此吴刚在月亮上常年伐桂,始终砍不倒这棵树,因而后世的人得以见到吴刚在月中无休无止砍伐月桂的形象。爷爷又接着说:"我其实想告诉你一个简单明了的道理,做什么事都要持之以恒,包括学习也一样。比方说这一次考试,你先问问自己真的努力了吗?无论成绩好坏,下次继续努力就一定会取得满意的成绩,更不应该和父母吵架,当你和父母吵架时站在爸妈的角度想一想,你爸妈现在一定在担心你,快回去吧!"

一晃眼,时光匆匆,岁月不可留,学业繁重,与爷爷相处的时间越来越少。就在去年,我爷爷去世了。这对我来说,无疑是一个晴天霹雳。那一天晚上,我再次抬头仰望星空,月亮发出清冷的光,旁边飘浮着几朵乌云,相互映衬着,不自觉地想起爷爷的面庞来,眼里流下了两行清泪。

据说人去世后会变成一颗星,善良的人会变成最亮的星或直接被嫦娥招进广寒宫做仙人,我相信爷爷一定会发着自己独特的光芒,守护着我,为我祝福。

那广寒宫里的嫦娥,愿在你的庇护下永远安着他的灵魂。这时,我的耳边又响起了:"弯弯的月儿,小小的船,小小的船儿两头尖,我坐在小小的船里面……"院子里回荡着悠扬的歌声。

我和爸爸的"战争"

王一凡

抢"朋友",啥意思?嘿嘿,我说的"朋友"是我最爱的动画片《火影忍者》。

说起《火影忍者》,我们其实是老相识了,当我的小伙伴们在讨论灰太狼与光头强的时候,我在看《火影忍者》。我觉得里面的鸣人太酷了,而且忍者村的事要比羊村和森林里的故事精彩得多。我甚至觉得鸣人和佐助就是我的好朋友。

但是,我"可恶"的爸爸,他偏要和我抢。本来,这个动画片还是爸爸介绍给我的,我本来以为我们可以和美美的一起和电视里的他们聊天。但很快,爸爸就"变心"了,他竟然喜欢上了《海贼王》。每次我做完作业看电视的时候,他总是说看"路飞"。

这下"霸道"的我可不依了:"不行,我都写完作业了,而且动画片是小朋友看的,你不能跟我抢!"爸爸说:"可我也喜欢看啊,我是爸爸,你要学会孝顺我。""我是小孩子,你要让着我。"我强辩道。其实,我自己也不清楚,到底要大人让着孩子,还是孩子听大人的话。但是,我真的很想看鸣人。

然而爸爸还是不理我,直接从我手里抢走遥控器,我简直要疯了,哪有这样的爸爸!于是我捡起沙发上的抱枕,开始向爸爸发动"攻击",爸爸的手好长,他伸出一只手挡着我,另一只手高举着遥控器,我就再也没办法了。

最后,我不得不使出我的终极"武器"——妈妈。我站在客厅中间,大喊一声:"妈妈,爸爸又欺负我!"

哈哈,结果,爸爸还是"投降"了,乖乖把遥控器给我。因为妈妈才是家里的"超级大国"。

这就是我和爸爸的"战争",只是我发现,我们父子俩在"战争"过后,感情反而更好了呢。

我的爸爸是"懒虫"

于浩淼

在我们家，我是除了妈妈外，最勤快的一个。至于我的爸爸，那就是个超级大懒虫。

就说今天早晨吧，我和妈早上四点钟就起床了，我们梳头、刷牙、洗脸，然后又去大堤上跑步。跑完步回来，客厅里连个人影也没有。我暗暗猜想：难道爸爸上班去了吗？我又往大睡房里一瞅，哇，他居然还赖在床上，正睡得香呢！我毫不客气地跑过去，捏着他的鼻子说："太阳晒到屁股啦！"爸爸哼了两声，翻个身，又呼噜噜地睡着了。我扯开嗓门叫着："大懒虫，起床啦！"他仍然一动不动，好像根本听不见似的。我扭头看了看钟，我的妈呀，7点40分！不好，我要迟到了。我背上书包，撒腿就跑。

唉，管不了那么多啦，反正，我是不会让太阳晒到我屁股上的。至于爸爸，让他多休息吧，谁让他前一天工作那么辛苦呢。

我爱爸爸的背

蒋依欣

从小到大,我最喜欢的"玩具",不是白雪公主,也不是芭比娃娃,而是爸爸的背。

记得有一次,我吵着要玩骑大马,爸爸说:"上来,爸爸陪你玩!"骑上了爸爸的背,我说:"驾,驾,大马跑!"爸爸说:"准备开始!"当我玩累的时候,我就躺在爸爸的背上。爸爸的背又温暖又舒服,就像一张暖和的大床,我很快就睡着了,爸爸轻轻地摇着我,这种爱是无穷的力量。

有一次,我上幼儿园的时候,外面的风非常的大,爸爸说:"来,宝贝,爸爸来送你。"爸爸骑着自行车,我坐在他的后面,爸爸的背把大风都挡住了,我趴在爸爸的背后,暖暖的,寒冷一下子都跑了,让我精神抖擞。

还有一次,下雨天,我没有雨鞋,爸爸说:"来爸爸背你上学!"我打着伞,爸爸背着我,我生怕爸爸会淋到雨,我再次趴在爸爸的背上,像在温暖的床上也像躺在暖和的被子里。

爸爸的背,不只像玩具,还像床,像一座大山,更像一张暖和的被子。我爱爸爸的背,更爱爸爸的心。

我的好妈妈

孙文佳

我有一个好妈妈,从小到大,我的每一步成长,都凝结着妈妈对我的关爱和慈祥。

在我很小的时候,有一次,我生病了,住在医院里。在那里度过的每一分每一秒都是妈妈在认真地照顾着我。每到晚上,妈妈就用她那慈祥温暖的双手给我洗脚。一次,我迫不及待地问妈妈:"妈妈,你怎么不睡觉呢?"妈妈用亲切的语气对我说:"傻孩子,妈妈要好好地照顾你呀!"

那一刻,我真想也为妈妈洗洗脚,倒上一杯热茶,再为妈妈也捶捶背。那一刻,我感受到来自妈妈的关爱就像一股暖暖流流向我的心头。晶莹的泪珠从眼眶滑落,顺着两腮流下。我感觉心里充满了温暖的力量!

你们说,这么好,这么令人开心,难忘的事情,我怎么能忘记呢?我更不会忘记妈妈对我每一分每一秒的关爱,我爱你!妈妈。我一定不会忘记你,我的好妈妈!

夏日趣事：捉蛐蛐儿

杜子轩

我家门前有一大片空地，夏天的晚上，这里成了蛐蛐儿玩耍的好地方。

暑假的一天，我和好朋友王小青一起在家门口捉蛐蛐儿。我们轻轻蹲下身子，在昏暗的灯光下仔细寻找，忽然我看见了一只蛐蛐儿！它的身体是椭圆形，胖嘟嘟的，身体上还有两片薄薄的翅膀。我高兴地把小青叫过来，小青过来看了一眼，喊道："这是一只小偷！"我不由得大笑起来，我说："蛐蛐哪还分警察、小偷？哈哈哈……"王小青认真地说："当然了，我告诉你，头上有钢帽的就是警察，没有钢帽的是小偷。"我觉得有趣极了，捉起来更带劲儿了。

我又看见了一只，下手抓它时，它头上有个东西扎了我一下，我就问王小青，她说："蛐蛐儿头上有一根针，下半身也有一根针,你捉它的时候小心一点。"我想:原来,蛐蛐儿的身上还有这么多知识呢!以后我一定要细心观察。

雪 地 捕 鸟

窦奕辰

冬天的"趣事"有很多,像天上的星星数也数不清。最有趣的,当然就是一场大雪之后,和小伙伴一起在雪地捕鸟了。

那天大清早,我起床后推开房门一看,嘀,好大的雪!房顶、树木都变白了,大地也盖上了一层厚厚的棉被子。我高兴极了,情不自禁地喊了起来:"我要去捉鸟喽!"我跳着、蹦着,拎着鸟笼子、筛子、扫帚,还有系着绳子的小木棒,大步来到田野,一看,村里十多个小朋友已经不约而同地都来了。大家各自扫出一块空地,撒上一些谷子,再用小木棒把筛子支在谷子上面,然后,拽着小绳的一头,隐藏在小土坡的后面。寒风吹来,大家都像没有感觉似的,只是焦急地等待着……

不一会儿,一大群饿极了的小鸟叫着飞来了。真漂亮啊！它们个个头上裹着"红纱巾"，身披灰外衣，长嘴像尖刀，两只明亮的眼睛机灵地巡视着四周，在白雪的映衬下，显得更加美丽了。我紧紧盯住它们，恨不得一下子抓到手里。

终于，有两三只小鸟窜到我的筛子附近来了。它们不停地跳着，时而低头寻食，时而抬头侦察"敌情"。忽然，它们发现了我撒下的谷子，便不顾一切地扑过来，吃起早餐来。我看准时机，猛拉绳子，"啪"一声，这几只小鸟，便成了我的"俘虏"，尽管它们不停地飞撞也无济于事了。不大工夫，小伙伴们都战果辉煌。可是被装进笼子里的五六十只小鸟却都"唧唧唧、唧唧唧"地哭了起来。

这时，我们班的班长王子明来了。小伙伴中有的提起鸟笼要走，有的像没有看见一样。班长把大家叫到一起，说："我们这里有捉鸟的坏习惯。老师的话难道忘了吗？我们应该坚决改掉这种坏习惯。鸟是庄稼的医生。一只小鸟一天能吃上百只害虫，一年到头为民除害，我们不但不感谢它们，反而把它们捉进笼里。你们看，小鸟在哭呢，恳求你们还它自由吧！"听了班长的话，看着那些蹦着、撞着、叫着的小鸟，真的像是在哭泣、恳求，又像是在愤怒地抗议着……此时此刻，我们心里都觉得不是滋味了。

大家都低着头。我第一个打开笼子，把十五只小鸟都放了。小伙伴们也争先恐后地打开鸟笼，几十只小鸟分成几群,在我们头上飞了几圈,又落在附近,朝着我们晃着小脑瓜,扇动着翅膀,鸣叫着,好像在说:让我们多捉害虫,来报答你们的"宽大"吧。

捉 竹 牛

范晓飞

假期最快乐的事,是回乡下奶奶家捉竹牛。奶奶说竹牛是害虫,专门吃竹笋。

那一天,火热的太阳炙烤着大地,我和奶奶到竹林里去捉竹牛。刚进竹林,我一眼就看见在一根蜡烛般细的竹子上落了一只竹牛。

我先将手伸向前,弓着背,悄悄地向竹牛走近,我的动作简直像个小偷。接近竹牛,我用手猛地一捂,那只竹牛被我捉住了。可它像不服气似的,用它那带有锯齿的脚使劲地将我的手指向外推。当然,无论怎样我也不肯松开手,但又怕把它的肚子捏破了,我只好把手指弯曲,让竹牛有活动的空间。然后,我用左手压住它的大脚,右手一下子把它的背抓住,这下它跑不了啦。

奶奶说:"村里的小朋友捉了竹牛到街上卖,既捉了害虫又卖了钱,真是一举两得。"我不这样认为,摸着它硬硬的小脑袋和灵活有力的腿,我说:"我想让它当我的小伙伴。"奶奶慈爱地看着我点了点头。

  我拿着竹牛,走在回家的路上,心里乐滋滋的。

我放走了那只蚂蚱

王佳旭

上了自然课后,我决定去捉蚂蚱。

一放学我就跑到田野里开始寻找,却迟迟不见它们的踪影,老师说:"蚂蚱的颜色跟小草差不多,要捉住它,要有足够的耐心才行。"想起老师的这番话,我沉住气,细细地在草丛中寻找。突然,一架"小飞机"从我眼前飞过,落在了草根上。我伏在草丛中,轻手轻脚地向前挪动,好不容易挪到"小飞机"身后,双手赶快一合。我感觉手里软绵绵的,心想,准是一只大蚂蚱!打开一看,原来是狗尾草。我告诉自己不能灰心.于是继续搜寻目标。

忽然,一位"绿色绅士"飞了过来。我想,这可真是天赐良机呀!我一定要好好把握。我观察了蚂蚱的一举一动,它似乎正放心大胆地落在草尖上休息呢。我蹑手蹑脚地靠过去,猛地一合手——"捉住啦!"

我仔细端详这只蚂蚱，它的头是三角形的，头顶上还有两个可爱的小触角，它的胸部有几条细长的短腿，短腿上长着一些刺毛。可爱的小家伙全身绿中带黄，跟草的颜色果真一模一样呢。这就是它的伪装本领吗，或许这就是它的自我保护吧。想到这里，我轻轻对它说："我不会伤害你的，我只是想和你交个朋友。"

最终，我把它放回了大自然。看它如跳远健将般跳回草丛，我心里比捉到它时还要高兴。

我会砸核桃了

陈宇昂

夏日午后,我和弟弟在阳台上正玩闹,弟弟突然看见堆在一旁的核桃,嚷着要吃。他就像小馋猫看见鱼一样,早就垂涎欲滴了。

我决定给弟弟砸核桃吃,这可是我第一次砸核桃。我一手拿着锤子,一手按着核桃,使劲儿用锤子砸向核桃,可是那锤子不偏不倚,正好砸在了我的大拇指上。核桃没砸到,大拇指上却长出一个"小核桃"。我不甘心,忍着疼又拿来斧头——看我的"二郎神劈"!斧头落在了核桃上,"滋溜",核桃从斧头下边"逃跑"了,在逃跑的过程中,它还旋转着跳芭蕾舞呢!真是太得意忘形了。

我找回这个"胆小鬼",换上了大锤子——看我的"重锤出击"!"砰",核桃被砸扁了,核桃仁也变成了核桃碎。我又换上了小锤子,我用小锤子轻轻敲了几下核桃．核桃上出现了一道裂纹，我轻轻地把核桃掰开，核桃仁竟然完整无损——我终于会砸核桃了。

　　人不可貌相，核桃也不能只看外表。有些核桃外面很光滑，很洁净，但是砸开一看，这个核桃仁肯定能在世界选黑比赛中获得"一等奖"，根本不能吃；有些核桃表面看上去很粗糙，还有些小黑点儿，可是里面的核桃仁洁净、香甜，非常好吃。

　　我和弟弟一起分享着我自己亲手砸开的核桃，心里非常快乐。

买 菜 记

翟阳阳

周日的早晨,我一大早就起床了,因为我要和妈妈去菜市场买菜。

来到菜市场,只见里面人山人海,有提着菜篮子进去的,有提着大包挤出来的。菜市场里面传出来的叫卖声、讨价声交织在一起,热闹极了。

妈妈带我先来到了蔬菜区,这里有红彤彤的番茄,绿油油的小青菜,长长瘦瘦的黄瓜,还有白白胖胖的大萝卜。妈妈挑选了水灵灵的洋葱和红得夺目的番茄。

然后我们来到了鱼档,她先站在鱼池边看了一会儿,接着,就抓起一条不大不小的鲤鱼。档主满脸堆笑地说:"这位大嫂真会挑,这条不错,够生猛!""嗯,这鱼怎么卖?""五块一斤,如果整条买就便宜一点。"档主搓着手说。妈妈好像光嘴巴说还不够似的,手也比画起来:

"整条买，三块半怎么样？""三块半？不用说了，你请到另一家吧。""不卖就算了，别的地方有的是。"妈妈把鱼放在一旁，却没有放回鱼池里，便向前走去。

妈妈好像故意走得很慢，然后在旁边的另一家鱼档挑来挑去，但又没心买，好像在等待着什么。果然，刚一小会儿，那位档主就热情地招呼我们回去买他的鱼了。走出菜市场，我问妈妈这是为什么，妈妈笑着说："这就叫作买菜的学问！"

记我第一次包饺子

张苗苗

"包饺子咯！"下午，我高兴极了，因为我们班要包饺子了。

洗干净小手，王老师先给我们做了示范，她一手拿起饺子皮，一手用筷子夹了些饺子馅，还没等我们看清楚，就像变戏法似的已将一个饺子包好了，我们都鼓掌叫好！接着，她又拿起一张饺子皮，放慢动作，给我们作分步讲解，对一些关键点，她还特别作了提醒。我可没这个时间听王老师手把手地教，早就手痒了，快速拿起一张饺子皮，放上一大块馅，将皮一对折，在周围边上使劲一捏、一压，一个"胖娃娃"就诞生了，肚子圆圆的。咦？怎么"衣服"上会有个小洞呢。这怎么行，我想把它补起来，没想到那个洞越补越大，越补越显眼，我一着急，手一哆嗦，这个"胖娃娃"便一下子掉到了水泥地上，变成了脏兮兮的"土娃娃"。旁边的同学见了,一齐哄笑起来,还好我脸皮厚,嘻嘻一笑。

王老师笑着问明原委后,指出了我的毛病,还特别强调了包饺子的几个要领。吃一堑,长一智。这回我可就认真起来了,按照她的指点一步步的包。嘿,果然掌握要领还真是重要,这一回我不再出先前那样的洋相了,而且包的速度也渐渐快了起来。这时,同学们也都慢慢学会了包饺子,王老师一声令下,我们还进行了比赛,最终,我包得最多。

饺子包好了,王老师为我们煮好,我和同学们端起一碗碗热气腾腾的饺子,一边有滋有味地吃着,一边赞不绝口地喊着:"好吃,好吃!"

记初次喝茶的经历

赵朝进

在家里,爷爷和爸爸都喜欢喝茶,但他们从来不让我喝茶,说对小孩子不好。那当然是骗我的,他们是嫌我浪费好茶。其实,我对茶,还是有了解的。

我国的茶文化历史悠久,源远流长。茶,以其芬芳之气,甘美之味,给人带来了生命的活力。对茶的营养成分、药用功能、营养价值,我早有耳闻。这回终于央求爸爸妈妈带着我,有机会去"呼闽茶庄"品一次茶,我感到格外高兴和好奇。

到了那里,我们刚找了个座位坐下,就有一位身穿蓝色旗袍的服务员,端着一套茶具走来。坐稳后,她开始向我们介绍茶具,有什么孟成壶、公道杯……我也没完全听懂。茶壶只有拳头大,茶杯小如核桃。我心有所疑:杯子这样小巧玲珑,能解渴吗?接着,服务员又开始动作娴熟地进行布茶、洗茶具、放茶叶、倒开水，从这个杯子倒进那个杯子，又从那个杯子倒进另一个杯子。最后，金黄、艳丽的茶水端到我们面前。啊，终于可以喝了，我早就口干舌燥了，便端起杯子一仰脖儿就给喝了个见底儿，可是什么味也没尝着。这时，我发现大家都奇怪地看着我，便问："怎么啦？我有什么不对吗？"妈妈这才告诉我，品茶很有讲究，先是拿杯子，要用大拇指和食指捏在杯子两边，中指托在杯底，这种拿法叫作"三龙护鼎"。喝时也有讲究，不能一次喝完，要分三次，分别是一喝、二饮、三品。听了妈妈的话，我才觉得自己就像一个"土老帽"。之后，我按照妈妈所说又喝了一次，果然，这次品出了香味，那香味沁人心脾，喝完觉得神清气爽，精神振奋。

原来这就是品茶。虽需等待，但等待之后又给人以心旷神怡的感觉，让人享受到了"苦尽甜来"的乐趣。

会牺牲的蜡烛

周东圳

> 春蚕到死丝方尽,蜡炬成灰泪始干。
>
> ——题记

亲爱的人们,我想对你说:

我很平凡,我只希望在没有灯的时候,能够给世界带来一丝光明。

我在人山人海的超市中被放在架子上,等待着被买走的那一天。就在超市即将关门的那个夜晚,来了一个急匆匆的男人把我买走了,我就这样在那个男人的手提包中被他带回家。就在他把我放在一个蜡烛盒里的时候,我才知道他们家很贫穷,而且,晚上他的孩子还要用光明读书,所以那个男人把我放在那里备用。

那个蜡烛盒里还有一根白蜡烛,他已经很衰老了,这是我在这个世界上的第一位老师，他告诉我作为一个蜡烛，就应该有牺牲自我的精神。

就在第二天下午，那个男人的家发生了地震，我也被压在了地下。

那个白蜡烛断了，这时，突然有人大声喊："有没有蜡烛和打火机，有孩子被压住了！要借光明把孩子稳住，不让他慌张！"

我赶紧把头顶向发光处，不一会儿就有了一条通道，我一下子就跑了出去，有人看到我把我捡起并点燃。啊，我的身体好疼，可是想到了白蜡烛的那句话，于是我努力地把光明发得更亮。

这时有个人明明有个打火机却不愿意交出，难道你们人类就不能学学牺牲自我照亮他人的道理吗？

失踪的巧克力

给我宝贝钢笔的一封道歉信

王祥祥

我的心肝宝贝钢笔：

你好！

我就是你不负责任的主人，一个马虎但真的很喜欢你的主人。你真是太美了，你有一身华丽的外表：紫色的外衣上有一些珍珠似的白点，背面还有一个浅紫色的蝴蝶结，漂亮极了。你肚子里总是吸满了你最爱喝的"果汁"，我带着你写的字非常漂亮。可是，班上的有些同学就羡慕了，对我说："用下你的钢笔，好吗？"那时，我仿佛看到了你的内心一直在喊："不要啊，不要！"其实，我的内心也是这样想的呀，但是毕竟是同学一场，无法不给她用呀。所以，我只好给她用了。

你可能还在生我的气，我心中并不想把你借给其他人，比如那个同学。但是，她每次都说："再借用几天，可以吗？你不会不给我借用吧。"无奈之下，我借给她了。不过现在好了，你一直都会是我的啦，我向你发誓，保证不再把你借给其他同学了。请原谅我！

祝你美丽永久！

你的主人：王祥祥

2017年×月×日

集市交响曲

陈一雄

周末的早上,我被妈妈从被窝里拖出来,不情不愿地陪她去街上买菜。

走在菜市场,我特别佩服那些卖菜的,你听,"买菜喽!走过路过不要错过。"卖菜大娘吆喝着,声音多么浑厚有力,我平时读课文的声音和她相比,简直天上地下。

我正一边帮妈妈拎着菜篮,一边感叹着,突然一阵清脆的声音传入我的耳朵里。"你这才两斤,就四十块钱。你看看旁边的,人家四斤才三十块。"买菜的人声音是那么高昂,像春雷在滚动。"那你买旁边那家的呀,跑我这来干什么?"卖菜的人快速地说,声音是那么迅速,像火车呼啸而过。

那个买菜的人正准备走,结果不小心被一块调皮的小石头绊倒了,这时,一位年轻的阿姨眼疾手快,连忙把买菜的人搀扶了起来,温柔地说:"没事儿吧?"她的声音是那么悦耳那么动听,像百灵鸟婉转的歌唱,像燕子的呢喃。"没事!"买菜人的声音是那么低沉,那么微弱,像海浪轻拂过沙滩。

"买菜喽,走过路过不要错过。"菜市场又传来清脆的声音。

永不言弃

朱茗永

下棋最需要什么？我可以以过来人的身份告诉你：需要天赋，更需要一种永不言弃的精神。

我现在学围棋已经有三年多了，书也学了有八本了，参加过四次比赛。在去年元月份"小棋星"比赛中荣获了第五名，拿上了业余一段。其实，我在获得这些荣誉之前，付出过很多的辛劳。在这三年里我下过很多盘棋，永不言弃是我最大的收获。

在我刚学围棋的时候，一直都坐不住，过一会儿就跑去玩了。上课的时候一直不专心听课，所以下棋都会输，大家都说我是一个"臭棋篓子"。我暗下决心，发奋学习。通过一年多的学习，我上课终于能静下心，坐下来了。功夫不负有心人，我的下棋的水平终于提高了。

有一次，我和我们班下棋的同学比下棋，本来他能把我赢了。但我永不言弃,最终,出人意料的,我赢了。我对他说:"本来你能赢的,我胜在耐心。我们相互激励吧!"

这件事让我印象深刻。

爸爸，我想当一天树

王雅欣

爸爸，每当我看见冠盖如云、挺拔耸立的大树便心生欢喜。我爱极了它拥抱天空的长长枝叶，爱极了它笔直挺立的姿态，爱极了它与风儿共舞与小鸟为伴的潇洒。

爸爸，让我当一天树，过一天树的生活好吗？

早晨，我抖抖枝丫，抖去睡意，我要和小鸟一起玩耍。当风儿吹过时，我会摇摆着树枝，向它招手。

中午，天气热极了，爸爸您从家里出来找我时，您就站在我的脚下，您抬头看看挺拔耸立的我说："真是一棵好树。"可您会想到那就是我吗？

当您在窗口搞预算时，热得脸上直冒汗。这时，风儿给您送去凉爽。我的影子投在您的身上，我顽皮地摇着枝条，几片叶子轻轻落在您的身上。您拍去树叶，可您是否想过，是我在和您玩耍？

太阳快落山了，我又变回我自己。哦，爸爸，当树可真好啊！

做一只吃肉的兔子

常露露

我梦见自己变成了一只兔子,我的身体变得矮矮的胖胖的,皮毛白白的似雪。但,我是一只不甘平凡的兔子,也不是那种好吃懒做的兔子,我有一个伟大又遥远的理想——要和老虎狐狸学吃肉。

自从有了吃肉这个理想,我茶不思,饭也不想,这就苦了我,整天不吃不喝,就是想。

于是我便向家人告别,去东北的南山和凶猛的老虎学习吃肉。

走啊走,我遇过很多危险,但还是扛过来了。我终于找到老师——老虎,于是我便坐在地上对老虎说:"徒儿小兔子,特从家乡赶来拜师父老虎为师。"老虎听后便说:"快快起身,本师就勉为收你为徒吧。"听到老师都这么说了,我高兴地一蹦三尺高。我告诉师父我本次赶来的目的是什么,这老师听罢,却皱了皱眉说:"恐怕有点难,这个吃肉,只有肉食动物能,素食动物是不会的。"

但是我说:"我什么也不怕,可以的。"从此我开始了艰难的魔鬼训练,但还是没学会吃肉,不得已我放弃了。

算了吧,我还是安安静静地做一只乖乖兔吧,看来这些不切实际的理想是不能实现的,以后做什么事都要符合实际。

写给竹子的信

——一只竹鼠的自白

王若雨

亲爱的竹子：

我是你最好的伙伴、邻居、朋友，竹鼠。从名字上看，我们简直是天生一对。然而今天，我有些话想要跟你说。

竹子，你是我最要好的朋友。每天，我饿了吃你；吃点心时，吃的是你；无聊发呆时，啃的是你……总而言之，我吃过你，从未换过新口味，使我的味觉都快消失了。我觉得，你如果再没有一丝变化，我都快得"厌食症"了。

第一，我希望你能软一点儿，虽然我的牙很锋利，可是时间长了，牙齿也会受不了你那"坚韧"的身体，随着日月的流逝，我会变得越来越老，牙齿也会变得十分没劲，嚼不动你了。所以，我希望你能变软一些。

　　第二，我希望你能变嫩一点。尽管每次嚼你都会有一股甘甜的汁水浸我的心房，可是只有这甘甜的汁水，却没有鲜嫩的果肉，似乎有些单调。所以，我希望你能变嫩一点儿。

　　第三，我希望你能变成圆形。你的形状是细细长长的，可是，这样并不好拿。我的大手圆嘟嘟、胖胖的，握着又细又长的你，手掌上的肉都挤在一块了，那滋味别提有多难受了。所以，我希望你能变圆一点儿，好捧着吃，那才舒服。

　　竹子，尽管我对你有一点建议，大可不要因为这点小事而伤了和睦哦！你永远都是我最要好的朋友！

如果每周都有星期八

陈福庆

如果每周都有星期八,我一定做梦都会笑醒。

我一定要叫上一些同学一起快乐地玩耍,我们要一起度过一个自己最想要的星期八!

我会叫来平时和我一起玩的小伙伴们,我对他们说:"我们一起去我家里玩吧,我相信我们一定会玩得很开心的。"他们也会纷纷点头表示同意我的提议。于是我们就一起到了我家,我们打算玩我们最喜欢的游戏——捉迷藏,这个游戏是我们的最爱,它会让我们感到开心愉悦。

就这样,我们要开始了。我是要躲藏的人,游戏刚一开始,我就急忙地藏进了一个很隐蔽的地方——我们家的衣柜,我相信肯定不会有人发现我的。可是突然,我就听到了一声尖叫,于是我就急急忙忙地从衣柜里跑出来查看情况,结果发现原来是有人在骗我们。就这样我们玩了一次又一次，我们都觉得很开心。

可是，突然间我才意识到，这一切都不是真的，只是我在脑海中最美好的幻想罢了。

唉！我多么希望能有个星期八啊，能让我感受一下游戏带给我的快乐，可惜这几乎是不可能的。

爷爷的生日礼物

张家豪

星期五的中午，下课铃响，我背起书包，飞似的往家跑。

你要问我为什么，因为今天是我十岁的生日，此时的家里，一定有满屋的礼物等着我。其中，我最期待的，就是爷爷早就许给我的神秘礼物。

到底是什么呢？一路上我的小脑袋都在胡思乱想，回到家，看到爸爸、妈妈已奏起了"锅碗瓢盆交响曲"。姑姑、姨姨也已经都来了。我都没来得及放下书包，就冲妈妈喊："妈，爷爷呢？"

话音刚落，便见爷爷推门而入，手里还拿着一个小盒子。我看着他的双手，礼物呢？难道把我的生日忘了？

我用疑惑的目光望着他，爷爷似乎看出了我的心思，抚摸着我的头微笑着说："军儿，这是爷爷年轻的时候，从战场上下来，赢得的军功章。现在我把它送给你作为生日礼物，从今天起，你就是小大人了，要学会承担责任了，希望它可以激励你做人。"

我极不情愿地接过爷爷的礼物，心想：你的军功章能激励我做人？骗人！从来没听过你打过仗。等爷爷吃完饭走了，我忙问爸爸妈妈。他们都笑着说爷爷的话没错，爸爸于是给我讲起了爷爷的故事。

爷爷已年近六旬，没念过几年书，却很受村里人尊重，原因就是他曾经上过战场，为国家流过血，得到过表彰。

我问爸爸妈妈，"打仗苦吗？"

爸爸摸了摸我的头，说，"当然很苦，有时候几天吃不上饭，还要时刻防着敌人进攻，随时都有流血牺牲的危险。你爷爷现在一到下雨天就全身疼，就是因为当初战场上受过伤，伤了根基。但再苦，为了国家，也要坚持啊。"

我想象着爷爷在战场上打仗的样子，一会儿炮火连天，一会儿鲜血直流……顿时感觉爷爷的形象高大起来了。

我小心翼翼地收起军功章，工工整整地放在书桌上。爷爷送给我的这份特殊的礼物，我将终生珍藏。我希望自己也能成为爷爷那样，能承担责任的人。

姐姐的爱

李婉婷

姐姐爱笑，尤其是对着我笑，我觉得，姐姐对我的爱，和她对我的笑一样多。

有一次，我生病了，姐姐向老师请了假，把我从学校带回来。姐姐给我倒热水让我吃药，我看着姐姐，白白的脸，粉红色的嘴，小巧玲珑的鼻子和大大的眼睛，还有姐姐给我的一丝微笑，不太多，不太少，让我的病好像都好了一点点。

以后，在我生病的每一天，都能收到姐姐给我的最好的礼物——不多不少的微笑。每一次收到姐姐给我的礼物后，我的病好像都好了一点点。

还有一次，我忘了拿课本了。姐姐给我送过来了，可只有一本语文书，我说："姐姐，还有一本数学书，还有一本英语书！"可姐姐在我说到数学的时候已经走了。姐姐来回一共跑了足足一千米，累得气喘吁吁，可是姐姐一句抱怨的话也没有说，只是微笑着把书递给我。

　　姐姐的微笑给了我力量，让我有了勇气，我终于明白，原来姐姐的爱都藏在姐姐的微笑里。微笑是姐姐对我爱的表达，你们知道了吗？

我爱你，妈妈

范盼盼

"世上只有妈妈好，有妈的孩子像块宝"，能够拥有妈妈，是我这辈子最大的幸福，我爱我的妈妈，她为我付出了太多。

一天早晨，雨在"哗哗"的下着，我来到学校，坐在位置上。发现语文书没带，我打电话给妈妈让她给我送过来。大约过了十分钟后，"咚咚咚""咚咚咚"老师打开了门，妈妈将书缓缓地递给老师，便走了。就在这时，一个画面忽然闯入了我的眼帘，一个三十多岁的女子，穿着睡衣，披着湿透的头发在雨中消失。

在我五岁的一个周末，我在枣园公园里玩。我非常羡慕别人的自行车，于是央求妈妈给我买了一个。第三天我来到楼下学自行车，按妈妈说的，双眼目视前方，保持平衡，可滑了五圈之后，每次都是妈妈一松手我就摔倒了。

正当我要打退堂鼓的时候，妈妈的眼睛就露出鼓励的目光，使我打起精神，用一下午的时间终于学会了。

　　这天，我和以往一样，早早地起床，不同的是，妈妈生病了，我想我得自己去买饭。我带好自己的书包，拿好零钱，心里正在盘算到哪儿去吃早饭时，一回头，发现餐桌上摆了两三盘香喷喷的饭菜。我连忙坐下吃，可是不知为什么，吃完后泪水模糊了我双眼。

　　妈妈，你的爱时时刻刻陪在我身边，我永远也不会忘记，那雨中独行的背影，那鼓励我不放弃的眼神和拖着病体为我做的香喷喷的饭菜。我爱你，妈妈！

相亲相爱的一家人

王东明

世界上最幸福的事是什么？就是我们一家三口，相亲相爱。

我的爸爸。有一次，妈妈要去上班，就对爸爸说："明天的饭由你来做。"爸爸心里想："怎么办呀？我不会做饭怎么办呀？""算了，做就做吧。"第二天，天还没亮，爸爸就开始煮鸡蛋。爸爸一开始小心翼翼地把鸡蛋放进锅里，等到鸡蛋熟了，从锅里拿出来剥鸡蛋皮的时候，爸爸的手艺就已经很熟练了。开饭了，我吃着爸爸精心做的饭，感动极了！

我的妈妈。有一次我生病了，那时还下着倾盆大雨，她不管有多大的雨，抱着我就向医院跑去。到了医院，妈妈的衣服、头发和全身都湿透了，看到妈妈这样，我流下了泪水。看完病后，医生说不要紧，吃点儿药就行了，听了这话妈妈才放心了。

　　我。有一次妈妈发烧了，而且还是高烧，我和爸爸给妈妈吃了药，喝了热水，不一会儿，妈妈就好了许多。我就跟妈妈说："睡一觉病就会好的。"第二天，我们又给妈妈量了一下体温，发现体温变成了正常温度。我们一家人的脸上都露出了笑容，像吃了蜜一样。

　　这就是我们的一家子，怎么样？是不是很相亲相爱呢？

阿毛，我为你哭泣

张文静

阿毛是我最亲密的伙伴，每天依依不舍地送我上学，兴高采烈地迎我回家……

可是直到今天早晨，阿毛还是没有回家，院子里变得非常寂静。我推着自行车要上学去，没有了它趴在脚上的"吻别"，心里泛起一股失落感。妈妈在阿毛住的地方叫我："静静，快看，小狗还没回来！"我没有回应，一大早我就看过了。我知道我的担心终于成了现实。

昨天傍晚，我骑车回家，阿毛像平常那样出来迎接我，但我发觉不对劲。只见它眯缝着双眼，并没有像往常一下跃扑到我的胸膛，只是伏在地上，无力地摇动着那根干巴巴的尾巴。

妈妈看我回来了，边迎上来，边指着阿毛骂："瞧这懒狗，对好朋友也这样，太不知好歹了嘛！"爸爸正在喂鸡,朝阿毛端详了一下说:"会不会生病了?"妈妈随口说:"总该不会是吃了毒药吧!""有可能。"爸爸听了皱起眉头说。听他这么一说,我心里着了慌,这可是我最亲密的伙伴呀!我连忙说:"那怎么办,赶快医治吧。"妈妈也有点急了,连忙掏出十元钱给我,让我去医院买点"阿托品"回来给阿毛吃。

一路上,我飞一般地跑着,只听见风在耳边"呼呼"直响,不一会儿,我便到了医院。我向医生说清了要买的药,他看我气喘吁吁十分急切的样子,好像知道了我买药的原因,立刻包好交到我手里。

"阿毛呢?"我跑到家时的第一句话。

"刚才还在,现在不知跑哪去了。"妈妈一边擦去脸上的汗珠,一边回答。于是,我心急火燎地找了起来,但一直到吃晚饭时也没有找到,我心里难过极了。泪水止不住流了下来,阿毛曾为家里增添了多少欢乐呀:当妈妈忙着赶鸡时,阿毛一纵一跃,龇牙咧嘴,恐吓鸡群;当爸爸到地里去割菜时,阿毛看到了正在偷吃庄稼的猪,飞跑着冲上前将猪赶跑;有时我高兴,就"嗷嗷"地吓唬它几下,它就像感到害怕似的把尾巴轻摇起来,耳朵贴住面颊。我知道它其实并不怕我,只是装装而已。有一次,我和阿毛一起去河里洗澡,它差点被我淹死,后来它有好长一段时间不理我了,我用了许多"花招"才使它和我和好……

可如今,我的阿毛,你在哪里?你是怕死在家里,怕我太伤心吗?

阿毛,我为你哭泣……

有趣的乌龟

刘 娜

我十岁的礼物,是爸爸送给我的一只乌龟。爸爸告诉我,乌龟是很有趣的生命。

它的外形像是绿绿的贝壳,同样的有绿绿的小脚,可是它的鼻子却像猪的鼻子一样,它的头圆圆的小小的。它有一对水汪汪的眼睛,它的尾巴短短的,每当我碰一下它的头,它就很迅速的头脚和尾巴都缩进去了。

它很让人省心,有一天我和同学去玩忘了给它喂食物,它就躲在它的壳里一动不动。等我回来看见乌龟一动不动,我就给它洒了它爱吃的东西,它立马伸出头来吃,看起来它也很高兴。

这就是我们家的那只可爱的乌龟。

给小狗毛毛的一封信

曹将将

亲爱的小狗:

　　我可爱的毛毛,你走后的十几个日日夜夜里,我一直在想你。我已经有两周没有抱抱你,给你喂食,陪你玩球了。你想我吗?

　　在你离开后,我才突然发现,我这个主人,做得有多糟糕。

　　还记得那天下午,我放学回来,准备坐在沙发上休息一会儿。无意中看到床上很乱,你在床边梳理你洁白如雪的毛,我就以为是你弄乱的,我就狠狠地教训了你一顿。直到晚上妈妈才说是她早上出门时弄乱的,没有来得及收拾。对此,我感到深深的歉意。在这里,我要给你说:"对不起。"

　　我现在想起的,都是你的好。

记得有一次，我写完作业了，坐在沙发上看电视，我看到你在做一些不寻常的动作，还在不停地狂吠。我就根据我平时的经验，判断出你是在发出警报。我环顾了四周，发现有一只蜘蛛在我身旁，准备咬我一口。对此，我对你表示深深的感谢！

　　还有一天深夜，我们都在甜美的梦乡里，突然一声惨叫惊醒了我们。我们赶紧起来，发现是一个坏人，准备偷东西，你就赶紧扑上去咬了他一口。

　　虽然你已经被姐姐带走了，但我还会记得你。

　　希望你越来越健康！别忘了我！

你的小主人：曹将将

2017年×月×日

可爱的小狗

邢新荣

我喜欢小动物，尤其喜欢小狗，因为小狗可爱又听话。我们家这只小狗，尤其可爱。

它有黑白相间的毛，黑色的眼睛，长长的尾巴，而且还很聪明。

如果家里来了陌生人，它就汪汪地叫，有时还会咬人。只要小主人回来，它就会开心地摇尾巴；小主人不理它时，它又会不高兴。我播放音乐时，它就会跑过来把手机"抢"走，我就追上去把手机夺回来，并给它说："你要听话，要听歌就要在这里听。"它就"汪汪"的叫，好像听懂了我的话一样。当音乐放起来时，它就会扭来扭去。

我很喜欢小狗，它们太可爱了！

捉 迷 藏

谢 冰

捉迷藏最能考验一个人的耐力和智慧了。

一天,我和妹妹就玩起了捉迷藏。她捉,我藏。

起初,我像个老鼠似的到处乱跑,怎么也找不到个安全的地方。

正在着急时,我忽然想起有人曾经说过:"最危险的地方其实是最安全的。"对,妹妹的床底下!她一定想不到我会躲到她的床底下!于是,当妹妹数到100准备捉我时,我已在她床下舒舒服服地躺好了。

我侧耳倾听,能真切地感觉到她走进我的房间,动了动椅子,翻了翻衣柜,都没有发现我的踪迹。接着,她走进自己的房间,边进门边自言自语:"哥哥总不能永远躲着吧,我就在这守株待兔。"说完,她一屁股坐在床上,悠闲地晃着二郎腿。

这下可苦了我了,床底下黑黑的、闷闷的,空气里还弥漫着一股尘土味。但为了自己的胜利,我掩着口鼻忍着、忍着。妹妹可倒好,她一会儿躺,一会儿又坐起来,最后干脆拿了一本书大声地念起了笑话,逗得我忍不住笑出了声。

妹妹寻声找到床下,冲着我大声说:"哈,你终于还是憋不住了吧?举起手来,你被捕了!"至此,我才明白,妹妹搞了那么多动作,原来也是与我斗智呢。

记一次探险

李以恒

对于我来说，有过很多次难忘的探险经历，而印象最深的那一次发生在去年暑假。

那天吃过午饭，我和小冉撑着雨伞，冒着蒙蒙细雨去帮助邻居王大娘采兔子草。我们来到河边，一看河水上涨了，怎么办？不能过河去采草了。难道就这么放弃了吗？

正当我们愁眉不展时，忽然看见不远处有一条小船，我高兴得跳起来，小冉兴奋得哼起了山歌。到了小船边一看，没有船帆，不用愁，把雨伞撑开来插到船头，当风帆。没有船桨怎么办？小冉看见河边被洪水冲来的两块小木板，喜笑颜开，拍手说："有办法了，把小木板当船桨。"

于是，我把雨伞撑开来，插到船头，我和小冉每人拿一块小木板，各站在船的一边划船。果然，这个办法真灵,风呼呼地吹,"风帆"胀得鼓鼓的,"船桨"划水好像唱着一曲悦耳动听的划船曲。一个个波浪冲击着船头,船左右颠簸,我头晕晕的,小冉鼓励我说:"别害怕,把两脚叉开,站稳。"我按照小冉的方法站稳了脚,继续划船。不一会儿,我们的船穿过了四十多米宽的河面。终于靠岸了。我把船拴在一根树上,俩人蹦蹦跳跳地去采兔子草。

我们采了好一会儿,装了满满的一篮子,哼着歌儿,划着船回家了。到了王大娘家里,我把划船过河采草的经过讲给她听,王大娘夸奖说:"你们真棒,自己动脑筋完成了一次小小探险,是个有智慧的小勇士呢!"

失踪的巧克力

孔云辉

我有一盒蓝莓味儿的巧克力,一直宝贝一样珍藏着舍不得吃。直到家里来了两个小客人,妈妈让我拿出来分享。

可谁料到,他俩竟都是"小馋猫"。盖子刚一打开,他们便一拥而上,争先恐后地吃了起来,竟丝毫没有给我留一点的意思。我看得口水直流,恨不得马上加入"战团"吃个痛快。等到"战乱"过后,巧克力只剩了两块。我正想伸手去拿,一位小客人抹了抹嘴说:"剩下的两块我们分了吃吧。"另一位小客人也开了口:"对。可是,三个人怎么分两块呀?不如把它们藏起来,谁找到就给谁吃!"

"我先藏!"我抢着说,他俩一口答应。我左思右想,终于想到了个好地方。果然不出我所料,他俩翻遍家里所有的东西也没有找到，我心里有点沾沾自喜了：哈哈，这两块巧克力看来非我莫属了，你们休想知道它们的藏身之地。两位小客人见找不到只得认输了。我从口袋里掏出了巧克力，得意扬扬地在他们眼前晃了晃。轮到他们藏了，我暗自高兴：家里我最熟悉不过，你们别想瞒过我的"火眼金睛"。不料我把屋子里上上下下"搜索"了好几遍，依然不见巧克力的踪影；翻他们的口袋，他们却并不在意，好像在说：你找吧，你是永远也找不到的。这下我心里可急了。"巧克力，我的巧克力，你们飞到哪里去了？难不成还真的失踪了？"

我像泄了气的皮球："快把巧克力的隐藏之处告诉我吧，这轮算打平，咱们再来一次。"他们指指肚皮哈哈大笑，原来是把巧克力"藏"到肚子里去了。

"啊！……"我气得直跺脚。

我"哭"出了第一

刘卓群

我这个人,从小就不喜欢哭,因为我是男子汉嘛,男子汉可以流血,但不可以流泪。但是,真要比起哭来,我却谁也不怕。

今天,我和妈妈玩了一个比哭游戏。妈妈规定:不能用唾沫抹湿眼的周围,不能打哈欠。

比赛开始了,为了实施我的秘密计划,我和妈妈背对着背"作战"。

我的行动开始了。第一方案:我把中指和食指伸进嘴里,越往里越难受,裹了将近三十秒钟才见效,可是只挤出一点儿泪。我没泄气,慢慢来,积少成多嘛!第二方案:就是回想妈妈打我的时候我受到的委屈,屁股痛的滋味,还连续使劲地挤眼睛。就这样,我的眼泪艰难地爬了出来。"我赢了!"我高兴地说。妈妈回过头,我看见她眼圈已经红了，但是没流出泪来。

结果当然是我赢啦，我扬扬得意。妈妈笑着奇怪地问："你是怎么流出泪来的？"我神秘地说："It's a secret！（这是个秘密！）"

想要哭出"第一"，你得有感情，还要有技巧。

想念你，我的老屋

丁天宇

随着光阴的流转，老屋已渐行渐远。它留给我的，是那一抹抹温馨的记忆……我已阔别老屋五年，原以为童年的回忆不过是一幅经不住岁月侵蚀的水彩画，然而每当我回忆起当初的一幕幕，眸子里，总是闪烁着晶莹。

老屋的可爱源于质朴。普通的墙砖，灰白瓦的屋顶，这便是我所说的老屋了。它朴素得不会吸引旁人多看一眼，就这样默无声息地成为四周建筑的陪衬，敦实地伏在地上，悄然聆听着几代人生命的律动。

老屋虽简单平凡，然而关于老屋的故事却动人心弦……

那是一场罕见的大雪。一夜之间，竟将一切染白。积雪没过门坎，一对夫妇向老屋走去。当时家人闲坐于火炉旁，几声微弱的敲门声打破了沉寂。从那对夫妇紧锁的眉宇中，大家分明看出乞求的神情。没待他们说话，外婆便急忙将他们引至屋内，随后了解到他们因寻人至此，钱已花光，天又下着大雪……外婆是个热心肠，几番思索，终于决定将老屋一分为二，让他们暂住两天。现在外婆已去世，但她为老屋谱写的爱的基调，却血脉相传，从未改变。

像这样的事，老屋周围的邻居们能道出许多，整条小巷便被这些人间的情愫编织成一个和谐的大家庭。

那时，邻居们生活都很节俭，家家都是人口多、收入少，花钱购物总要精打细算，几番掂量。但这样的生活却丝毫没有妨碍邻居们的慷慨。记得有一次，淘气的我将正在烧水的煤炉打翻，顿时火苗蹿起，惊吓中我只剩下了哭……待家人赶到医院时，我已脱离了危险，那次不菲的药费不知是谁付的。只是母亲要还时，他们都只是说："孩子的事，花多少都值，你就别操心了。"直到现在，我们也没找到付钱的邻居。

思绪随着记忆翻腾，我不由自问，老屋为何让我如此牵肠挂肚？只因为它是童年的乐园？我想更重要的是老屋独特的气息，人与人之间淳朴的情谊，每一个人的身上都散发出的善良、质朴、真诚……

哦，想念你，我的老屋！

"红靴子"的主人

陆明皓

春光明媚，春风徐徐，广场上多了些放风筝的人。有快乐的孩童，有陪着孩子的家长，还有年轻的情侣……

瓦蓝瓦蓝的天空上飘着许多美丽的风筝，很是赏心悦目，其中最引人注目的是一只"靴子"，它鲜红鲜红的，还系着一条蓝色的飘带，就像一只蓝色的精灵在跳跃。好奇心驱使我去寻找风筝的主人。

在广场的一角，我发现一个坐在轮椅上的老奶奶，她就是风筝的主人。白发苍苍的老奶奶满脸皱纹，穿着一身整洁的衣服。"多漂亮的风筝呀！"我与老奶奶打招呼。"是呀，大家都这么说。"老奶奶露出笑容，脸上的皱纹也舒展开来。我又问："您为什么要放飞一只靴子呢？"老奶奶紧紧地盯着风筝，兴奋地说："很久以前，有一位出色的芭蕾舞演员，第一次登台演出时就穿着这样的靴子，那时的她站在舞台上，多么漂亮多么自豪啊！"老奶奶陷入甜蜜的回忆之中，过了好一会儿，才发觉空中的红靴子正慢慢下落，连忙用力拉扯着风筝线，"可现在，一切都成为过去了……"老奶奶呢喃着，眼睛里不再放射光芒，恢复了刚才的平静。

　　听到这里我好像明白了什么，看着那只当空飞舞的彩靴，它仿佛正牵着老奶奶的心飞回到她年轻的时候，飞回到那旋转的舞台……

放 风 筝

王慧昕

春意融融，风婆婆吹着暖暖的风来了。五颜六色的风筝在蓝蓝的天上飞舞着，仿佛在举办一场迎春盛会。

广场上的人很多。看热闹的、放风筝的挤在一起，汇成了人的海洋。

天上的风筝越来越多了。有涂着红胸脯的双燕在追逐戏耍；有绿色的蜻蜓在眨动着大眼睛；有五彩缤纷的大蝴蝶在空中翩翩起舞……真让人目不暇接。

我站在桥头，抬头仰望，寻找着最美的风筝。随着"呼啦啦"一声响，一条大蜈蚣飞上蓝天。它摇头摆尾地扑打着身边的小燕子，那小燕子像有自知之明似的让开了它。这一来，大蜈蚣更骄横了，好像自己是战无不胜的大将军，它摆动着长长的身躯在天空中飞翔。突然，迎面飞来一条飞龙，它张着血盆大口，颌下的胡须像根根钢针。

"飞龙上天了,飞龙上天了!"广场上人群一片沸腾。天空中,蜈蚣和飞龙较量起来:大蜈蚣先用尾巴尖触动了一下龙头,飞龙咆哮了起来,向蜈蚣冲了过去,大蜈蚣急忙闪身,真险!差一点被撞着。接着飞龙又用尾巴甩打,蜈蚣因为身长体大,动作迟缓,斗不过动作灵敏的飞龙,只得让开了。我心想:"这两条庞然大物是怎么放到空中的呀?"想着便向桥中走去。那里有一群人围着一个身强力壮的小伙子,他拉着绳子上下有节奏地抖动,操纵着大蜈蚣。旁边的人们议论说:"这条蜈蚣又长又好看,放到空中去升劲一定很大,要是换了小孩放,准能把他带到空中去呢!"放风筝的小伙子听了这话,心里自然特别高兴。

有喜悦有欢笑,有形象有色彩,风筝牵动着人们的情丝,也放飞着人们的希望……

放风筝的启示

孙福佳

爸爸常常对我说"世事洞明皆学问",今天,通过放风筝,我真切体会到了这一点。放风筝这么一件看似简单的事,也同样需要不断的努力练习,才可能成功。

一进公园,就能看见了各式各样的风筝在天空翩翩起舞。有机灵勇敢的"孙悟空",有红色的"大鲤鱼",有五颜六色的"蝴蝶",还有凶猛的"老虎"……"哟,放风筝的人真多啊!"我心想。

看!那条"眼镜蛇"正在空中一摇一摆的飞着,长长的尾巴左右摆动,好像在骄傲地说:"这些风筝里,我才是王,谁也别想抢我的位子!"

我也想给他们瞧瞧我的风筝。我的风筝是一只鹰,眼睛瞪得圆圆的,双翅展开,好像随时准备搏击蓝天。

我把风筝线绑在风筝上,再把支撑风筝的架子装上,拿出风筝轴。准备工作完毕，开始起飞！我拿起了风筝轴，把线放出一段后，给爸爸说了一声："行啦。"爸爸把风筝抛出去，我赶紧向前跑去。正在这时，一阵风刮过，风筝摇摇晃晃地飞上天空，我想让风筝飞得更高些，于是慌忙地放长了线，可惜，关键时刻，风竟然停了。风筝像喝了酒似的坠落了下来。我赶紧收线，可是来不及了，风筝落到了地上。

第一次放飞——失败。

我并没有灰心，准备再来一次。我又像以前一样来了一遍，并吸取了上次的教训。终于，我的老鹰风筝飞上了高高的天空。风筝似乎懂我的意思似的，越飞越高，终于超过了那条"眼镜蛇"。它似乎骄傲地说："哈哈，现在我超过你了！"

最后天快黑了，我依依不舍地收起了风筝，回家了。

通过放风筝这件事，我懂得了功夫不负有心人，只要不断地努力，即使再难的事也能成功。

奔跑吧，友谊

新编亡羊补牢

雷舒寒

因为丢羊损失惨重,他决定不再养羊,而是改种西瓜。

虽然西瓜生长得非常好,可是上面生了许多小虫子。他的邻居都提醒他要尽早去除这些虫子……他想,羊会动,不补羊圈的话会一只只跑掉,西瓜可不会动,啥时候抓虫子不都一样吗?何必现在就理会!

过了几天,他的邻居们又都跑过来提醒他,西瓜地生虫子了,可他依然不听邻居们的劝告。他西瓜地里的虫子越来越多了,他决定等西瓜成熟的时候再一劳永逸,把虫子捉干净。邻居们都纷纷议论:"唉,不听劝告的邻居,真让人感到可惜,真讨厌。"当他西瓜成熟的时候,他摘下来的西瓜,打开里面都是水,还爬了一些小虫子。他后悔了,不该不听邻居们的劝告。

他想亡羊补牢嘛,现在去除虫子还不晚,所以开始认真地去除虫子。邻居们见了,笑嘻嘻地说:"真是亡羊补牢,为时已晚啊!"

陶罐和铁罐后传

加一帆

不知过了多少年，陶罐被认定为一级文物，人们将其供奉在博物馆，每天很多人对着它赞叹、拍照，陶罐成了独一无二的明星。它骄傲得不得了。

又不知过了多少年，有天，一个人捧着似木炭一样的东西来到了博物馆，大家围着那个东西观赏着。陶罐想了想：一个木炭有什么好的，我这么好看、漂亮、优雅，他们竟然会去看一个木炭，它有什么了不起的，哼！

人们把它带到罐子室，把它和陶罐放到了同一个位置。陶罐仔细地打量了这个木炭，原来这个木炭是那年的铁罐，铁罐的五官非常乱，全部生锈了。

"嘿！我的老哥们。"

"你好，陶罐。你可不能像我当年一样骄傲啊，想一想也是后悔啊！"

陶罐想嘲笑一下铁罐，说："你看你多么的丑，还和我相提并论。"

铁罐怒了，一头砸上去，陶罐碎了，完蛋了。

半途而废的天鹅

胡紫程

在动物王国里,有一只天鹅,颈长身白,飞得高高的,不过,它并不满足于现在,而是想学更多的本事。于是拉着好友山羊去学本领,天鹅学跳舞,山羊学跑步。

过了一阵子,天鹅天学呀学,终于有点像样了。有人又去学唱歌,天鹅也去学了。天鹅的嗓子太粗嘎,终于会发音了。大家又去学跑步,天鹅脚太小,又有一点胖,一跑就绊倒,终于不绊脚了。可是大家又去学跳远,这次天鹅还是去报了,他努力地学,终于比较远了,可是……

天鹅去山羊家做客,山羊一直跟兔子大师学跑步,已经练成冠军了。

天鹅对山羊说:"你为什么不学我呢,我现在都可以算为多才多艺呢。"

"你要听我一句劝,这样做不好呀!"小山羊劝告。

森林奥运会到了，小山羊报了跑步，在跑步比赛上得了第一名，被称为飞毛腿。天鹅也报了名，在武力比赛上被牛先生打伤，牛先生被称为"牛战士"，后来在跑步时，天鹅脚骨折了，现在还在医院疗伤。

这就告诉我们做事要持之以恒，像小山羊一样。不要像小天鹅一样，半途而废，没有主见。

新小猫钓鱼

冯 成

一直无忧无虑的小猫有一天突然发现：天塌了。它的妈妈，老猫年岁过大，体弱多病，已经无法照顾自己了。于是，小猫决定承担养活妈妈和自己的重任。

小猫来到了小河边，它从桦树上拿下来一根树枝，然后用藤条和一个钩子做了一个鱼竿。小猫开始钓鱼了，小猫等了一个小时、两个小时、三个小时……而这天气好像也在和小猫做对，一开始还是个大晴天，突然，秋天的大风吹起来了，秋风像一个狰狞的恶魔一样，用它那巨大的手摇起河水来。

这时，小猫钓鱼的情境更加困难了。小猫见到这种情形，想回到自己的家，那高大而又温暖的大树里面去。可是每当小猫想起在家里面等着做鱼肉汤的老母亲时，小猫便下定决心要抓到一条大鱼。

小猫心中像有一团火一样,马上燃烧起来了。它看着河水,一下子跳到了河水中,过了一会儿,小猫抱着一大堆的大鱼,嘴里还有着一条最大的鱼。

　　这时,金光四射,太阳出来了。树上满是果实,小猫回到了家中,快乐地笑了出来。

每一天都是新的

孙 静

妈妈告诉我,只要内心愉悦,万物都是美的。如果欢喜的心丢了,再美的生活,也会变得索然无味。

是呢,这正如我们过的每一天,相同的日子因为不同的经历和心情变得不同,每一天都自有它的意义和光辉。所以我说:每一天都是新的!

每一天都是新的。钟表一年到头不停地转动,从不歇息。表针每走一圈,都画出一个新的圆。圆圆叠加,日子便一天天长高,我也一天天长大。春去春又回,雁别雁又归,四季在人间周而复始,更迭往复。寒来暑往,柳青菊黄,似乎只是简单的轮回。其实不然!每一个春天都会给大地涂上一抹新绿,每一个秋季都给人们带来新的凉爽。

每一天都是新的。随着年龄的增加和身体的长高,我获取的知识愈来愈多,我的阅历也愈来愈丰富。每天清晨，我都伴着清脆、悦耳的鸟鸣放声朗读，诵古诗、读英语，遨游在知识的海洋里，日子过得轻松又充实。"腹有诗书气自华"，今天多积累些知识，就能使将来的日子变得更新。

每一天都是新的。大海每一天都从东方托起一轮新的朝阳；朝霞每一天都给大地涂上新的色彩；田里的禾苗每一天都拔出新节；机轴上的纱线每一天都编织出新的织物；实验室每一天都攻克新的难题；伟大的中国人民每一天都创造新的奇迹……每一天，天空都在变蓝、地在变绿、水在变清。每一天，祖国都在变，变得更加富强、更加辉煌！

每一天都是新的，我要以乐观积极的心态迎接每一天的到来，在每一个新的清晨，张开双臂去迎接第一缕阳光和第一丝清风入室……

这个学年，我战胜了胆怯

赵天祥

这一年我受益匪浅，因为我逐渐战胜胆怯——成为一个勇敢的人。

记得刚来学校，一切都显得那么陌生，父母走后，我怯怯地坐在自己的位子上，看着别人三五成群地凑在一起玩，我多么想凑上前去，可是我还是害怕，不敢跟任何人打招呼。随着时间的流逝我越来越孤单，不争气的泪珠嘀嘀嗒嗒往下掉，就一直到了晚自习，还是热心的同学们主动跟我打招呼，找我玩。他们还对我说："男子汉大丈夫哭什么，要做一个勇敢、坚强的人——"听了同学们的鼓励，从此我再也没哭过。

我记得，因为我胆小，老师提问时我总是把头埋得低低的，好像害怕老师看见我。课下时同学们问我为什么不敢举手发言，我说："害怕回答错了。"同学们对我说：

"错了又怎样，至少你敢于回答，你不是一个胆小鬼，你要做一个勇敢的人，上课老师提问时，你要大胆发言。"于是我鼓起勇气举手发言。

我更记得那是一次跑步比赛，全班同学都说我跑得快，让我参加比赛，我却不敢，我强烈推辞，可是体育老师也让我参加。放学后，我一个人独自在教室里伤心，这时老师进来了，老师笑着说："同学们推荐你一点也没错，你跑得不快吗？"我说："可是我还是有些害怕。"老师语重心长地对我说："越害怕你越应该锻炼，如果这不是一场运动会，是你人生道路上的困难，你依旧害怕，那么你还能过去吗？你要学会勇敢，只有你勇敢了，困难才会向你低头。一个勇敢的人应该无所畏惧，勇往直前。"老师的话使我心有所悟，下定决心参加运动会……

现在想起来我与刚来时可谓天壤之别。现在，课堂上有我高高举起的手；教室里有我响亮的回答；运动会上有我飞奔的身影。这一学年，我的"海拔"升高了，我知识的行囊越来越丰盈了，我也越来越勇敢地向困难与挫折发出挑战。我不再胆怯了，我变勇敢了，我不再是原来的我了。

最漫长的等待

罗依然

我这辈子最漫长的等待,要数在医院里等姑姑家的儿子,我的弟弟出生了。

那天晚上,我和妈妈去看望姑姑。听妈妈说,姑姑家就要添一个新成员了。刚一起吃过晚饭,还没有收拾完锅碗,姑姑忽然"哎哟"一声捂住肚子,妈妈急忙叫上姑父和姑姑的婆婆,把姑姑送到了医院。

这是我第一次陪别人去医院,虽然自己没事,但看着妈妈焦急地走来走去,我也特别担心姑姑。医生不时地进来检查,每次都说:"还要再等等。"这可把我急坏了。等!等!要等到什么时候呀!

好不容易看见姑姑被送进了产房,我听着妈妈对姑父说,再等等吧。我更着急了,为什么还是要等?我看姑父目不转睛地盯着产房的门,背上的衬衫都湿透了。他一定比我更着急吧，等待，还真是辛苦。姑姑的婆婆也在不住地念叨着："菩萨保佑，菩萨保佑……"

我第一次发现，原来还有时间比我考试的时候更难熬。我的心里七上八下的，像小大人一样背着手，总担心会发生什么事。随着姑姑那撕心裂肺的叫喊声，妈妈一把把我拉过去，拍着我的头，像是对我，又好像是在对姑姑说："别怕！别怕！一切都会好的！"

"哇……"一声响亮的啼哭令我们呆住了，好一会儿大家才回过神来。我一跃而起，这下不用等了！果然，我看见医生出来了，她笑着对我们说："恭喜恭喜！生了个大胖小子。母子平安！"这时，妈妈和姑父才都长长地舒了一口气。

啊！这真是漫长的等待，不过，结果是好的，这等待是值得的。

买菜初体验

王 慧

在我的印象里，已经有很多第一次，第一次做家务，第一次给妈妈端洗脚水，第一次考满分，而印象最深的，就是第一次买菜了。

那天早上我在家里，妈妈让我去买菜，当时我心想如果我没买对，妈妈会不会打我呢？妈妈给了我十元，并且给我说买二元的小豆芽和三元的花卷。

我出了家门走到菜店，给卖菜的奶奶说："奶奶！拿二元的小豆芽和三元的花卷。"我给老奶奶十元，我想应该找五元吧！于是，老奶奶给我找了五元。

回到家里，我给妈妈看我买的东西，妈妈看了一下，都买对了。我还给妈妈看了找的钱，找的一分不差。

通过这次买菜，我懂得了：只要迈出第一步，就没有办不成的事。

不以成败论英雄

杨子鑫

学校运动会开始了,我信心满满地报名参加了乒乓球比赛。赛前,老师怕我们紧张,就说:"比赛并不是以成败来论英雄,只要努力了,尽力了,比什么都强。"

果然,早上我一来教室,看到了报名参加比赛的同学个个神情严肃,有的在盘头发,有的在整理自己的服装,还有的在挂编号,脸上都写满了紧张。

中午离运动会只剩下三十分钟的时候,他们个个神情严肃,跑步的运动员,一会儿弯弯腰,一会儿压压腿。

运动会开始啦!首先上场的是乒乓球比赛,教练开始点第一组上场的选手了,教练点到我了,我心里美滋滋的,甲方乙方已经开始热身了,他们一会儿揉揉腿,一会儿搬搬肩。

教练拿起哨子,猛地一吹,开始比赛了。首先是我发球。我弯着腿，左手托球，右手拿拍子，这时我心里在想：我到底该怎样才能让她接不住球呢？这先把球往出一扔，再猛地一拍，我凝视着发出的求球，对方也凝视着球，准备"接招"，教练一脸严肃，他的眼睛也盯着球。观众们在底下的议论声快要把天花板掀起来了，突然，乙方来了一个斜球，可惜我没接住。赢了的人，把欢喜带给他的同学，我却哭了，心里在想：没关系，下一次我一定要赢。

　　这次运动会结束了，让我明白了失败没关系，下次努力了，比什么都强。下一次，我一定是成功的英雄。

一场足球友谊赛

黄 琰

在学校,除了日常的学习之外,我们还有丰富的文化、运动娱乐,这不,今天我们要和隔壁班切磋球技,踢一场足球友谊赛。

只见我方队员压压腿、拍拍肩。随着裁判的哨声响起,我们啦啦队大声欢呼,我方队员先出击。队员们左踢一下,右踢一下,前踢一下,后踢一下,比赛非常激烈。观众群里说着:"反击啊,赶紧啊,呀!这球太好了,继续加油!"队员们听到这种欢呼声,踢得更激烈了。

我方队员为了让另一方踢球队员摸不清方向,那里踢一下,这里踢一下,但另一方队员已经知道我们的计谋了,时刻观察着球在哪,不让射门进球。我方队员已经知道这种计谋不行了,又用调虎离山计吸引对方防守队员,对方甚至连守门员都跑了出来,此时而我方队员趁机而入。

　　最后,我们赢了!我们的啦啦队在欢呼,而另一方却在垂头丧气,有的女生还在哭泣,真是"一家欢喜,一家悲"呀!

绿豆糕争霸赛

张林祺

绿豆糕争霸赛？没错，你没有听错。因为比赛的奖励就是绿豆糕一盒。至于怎么比，当然要与众不同啦！操场人太多，不去，足球太累，不踢，我们啊，在室内用手指"踢"球，糖果糕点的包装锡纸作足球，课桌当球场，而我，是裁判。

"咳咳，第一届手指球赛准备五分钟，首先有请甲方，看他那粗壮的手指，防球一定是第一。另一位是乙方，他那细长的手指一定与甲方相生相克。现在，我宣布比赛正式开始。"我激动地说，"预备开始，快看甲方迅速抢球，乙方似乎知道了他的动机，在文具袋球门防守如山。甲方出球了，乙方迅速接球，可惜落空了，现在比分1∶0。乙方重新出球，甲方拦住了球，漂亮！乙方已知会这样，在球门防守。甲方出球了，乙方吃一堑，长一智，把球拦住了，迅速回击，哇！甲方没拦住。比分1∶1，现在中场休息。"这时引来了许多同学观看，纷纷称赞甲乙方，说得他们脸都红了。

我兴奋地说："休息结束，这场谁能得到了分，谁就是这届比赛得到绿豆糕的人。现在开始！"好多围观的人都在给甲乙方加油，甲乙方看起来已有充分的准备了。"预备开始，乙方快速抢过球来，这速度如闪电呀！乙方出球，甲方在球门前迅速拦球，又迅猛地把球射了出去，乙方还是拦截，把球射了出去。比分1∶2，乙方得一分。甲方没有放弃漂亮的回击，这时乙方没有反应过来，甲方又得一分，2∶2平局。最后一球了，谁才是本届赢家呢，重点就这了。乙方射出了回旋踢，甲方回击了，而且还是中指回击的，厉害！乙方一踢空，3∶2，甲方胜利！这场比赛真激烈呀，甲方将获得绿豆糕。"

虽然乙方输了，但是甲方乙方平分了吃的，还玩得很高兴。下周我再玩一次，也让观众们高兴一下。

团结就是力量

李 慧

今年夏天，一年一度的拔河比赛来了。我们班高唱"团结就是力量"，一路披荆斩棘，勇夺冠军。

第一场由三（5）班对战三（2）班，我们都目不转睛地观看着比赛。裁判哨声一响，三（5）班的所有同学都铆足了劲向后拉。三（2）班的同学都被他们这强大的阵势惊呆了。三（5）班的同学趁此机会使劲一拉，就轻松地战胜了三（2）班。

第二场是我们班和三（7）班比赛。三（7）班的人看起来都很强壮，看上去很难对付。在比赛过程中，我们发现其实三（7）班并没有我们想象中的那么厉害，他们超级弱，总共用了30秒就赢了他们。

经过几场比赛之后，我们班和三（5）班进入了决赛。面对这样厉害的对手，我们感到害怕。但是我们想到团结力量大，只要团结起来就能战胜一切。我们都信心满满地上了比赛场。我们借鉴之前赢比赛的经验，使出全身的力气并伴随着"一二、一二"的口号声向后拉。最后我们终于赢了三（5）班，获得了第一名。我们都高兴地跳起来了。

这次比赛让我懂得团结就是力量。

足球比赛

梁浩明

天空是那么明朗，操场边挺拔的小白杨在风中摇曳着美丽身姿，仿佛在为即将到来的精彩比赛喝彩。

我们分成两队，我和杨泽文、于凡等是红龙队，张博和姚一舟、杨健等是绿鹏队。

开哨声响了，红龙队开球，杨泽文把球传给我，我看见于凡离我很近，就传给了他。对方几名后卫马上跑过来，把于凡围住了，于凡把球回传给我。这时我们已经到了对方禁区，我正准备大脚远射，忽然杨泽文大喊一声："梁浩明，别远射，传给我，我这里没有后卫。"我立马把球传给他，没想到对方守门员听到喊声早有准备，从自家球门飞速跑过来，把球踢走了。我赶快往回跑，对方前锋杨健已接到球，准备远射，我立刻抽脚铲球！只听见观众一声喊："漂亮！铲到了！"杨泽文接到球，快速向对方球门跑去，到了对方禁区，像跳探戈舞似的连过对方几名后卫。杨泽文起脚射门，球打在门柱上，可球一弹，飞进了对方球门里，我们都欢呼起来。

足球在脚下滚来滚去，场外的小伙伴挥舞着红色和绿色的旗子大声呐喊……

下半场一开始，对方就制造了一个点球，可惜打高了。我队也有很多机会，可对方守门员实在是太勇敢了。

比赛结束，红龙队以1∶0小胜绿鹏队。我们高兴得蹦了起来，也为对方的拼搏精神喝彩。双方队员紧紧拥抱在一起，欢乐的笑声传遍了整个校园。

记一次难忘的运动会

张 旭

每年八月,我们学校都会举办秋季运动会,但只有今年,是最令我难忘的,因为我得了五百米跑比赛的冠军。

早晨,我们早早地来到了操场整队,同学们都站得笔直。这时校长来了,他站在主席台前,郑重地说:"下面我宣布,秋季运动会正式开始!"话音刚落,会场就响起了热烈的掌声。

首先举行的就是五百米跑比赛。哨声一响,选手们便像箭一般"嗖"的一下冲了出去。一开始由于我反应比较慢,所以跑在最后,但慢慢地我凭借自己的速度和耐力,逐渐追了上来,在只剩下五十米时,我深吸了一口气,用尽全身力气,像一头豹子扑向自己的猎物一般冲到了终点,我听到全班都拼命在为我呐喊鼓掌。

跑完五百米,我来到其他赛场为运动员们加油!

先看跳高赛场。你看那个选手像燕子一般掠过了竹竿,而且还做了一个非常优美的动作,大家都为他的出色表现而鼓掌;再看那位同学他试了一次没有成功,第二次总算是跳了过去,可他的滑稽动作却惹得大家哈哈大笑……

再去看看会场,有的同学在说悄悄话,有的在高兴地向其他同学诉说着比赛的经过,有的在悄悄地哭泣,有的在向对手"挑衅"……班主任不停地安慰着这个,鼓励着那个。

当校长宣布颁奖仪式开始时,我们都很激动。当他说到五百米跑冠军是我时,我们班再一次高兴地跳了起来,就连我们的班主任也去掉了往日严肃的面孔,直向我伸大拇指。每一个获奖的同学也高兴地跳着喊着,整个操场一片沸腾!直到校长宣布比赛结束时,我们都还沉浸在运动会的欢乐之中!

奔跑吧，友谊

张严宇

又是一个星期六，目标：学校操场！我和小伙伴们蓄谋已久的"跑男"大战，终于要开始啦！

第一个游戏是"你逗我笑"。两队各派出一人，一个人逗另一个人笑，如果另一个人一场都没笑就加一分。如果一个人可以哭就加两分，得高分者获得胜利。

我队先派出我们班的"笑神"来应战，对方派出"冷漠冰山"。"笑神"摆弄着他的脸，挑眉、噘嘴、龇牙，做出的鬼脸一个比一个好笑，旁观的人都被逗得捧腹大笑。"冷漠冰山"却一动不动，酷似睡着了。"笑神"一怔，出了个"必杀技"讲笑话，"冷漠冰山"顿时成了一个"爆发的火山"。最后三比二，我方胜利了。

马上就要撕名牌比赛了，两队对员各个整装待发。"开始！"我一声令下，两队队员躲的躲，藏的藏。只听到"嘶"的一声,一张名牌下来了,是谁的呢?原来是我方"笑神"被"美人计"俘获了。"马一宝淘汰。""嘶"又一个?谁呀?原来是对方的女将被撕。"哇!女孩你们也下手,太狠了。"平时在学校称王称霸的女生,今天竟然第二个被撕了。

大家都玩得十分开心,因为我们知道:不论输赢,友谊万岁。

我 是 冠 军

魏 喆

今年的校运动会,我成功地获得了八百米赛跑的冠军,在我看来,这个冠军,是我和全班同学共同努力的结果。

比赛前,还没开跑,就听见两边的啦啦队都扯着嗓音为我喊道:"加油!加油!"这时我的心里更紧张了,我暗暗告诉自己:我一定可以的!开始比赛了,我像箭似的飞速向前冲。啊!一不小心,我摔了一跤,大家都向我前面冲,而且你争我赶,比赛似乎进入了白热化阶段。可是我并没有放弃,站起来飞快地向前冲。这时啦啦队叫得更起劲了,我不能辜负同学们对我的希望。我又加了一把劲,使劲全身的力气向前冲。我终于获得了第一名,我非常开心!站起来欢蹦乱跳,高兴得不得了!啦啦队也赶紧跑过来,抱起了我!

今天的比赛让我明白了同学们的热情和友好。因为在我落后时他们并没有歧视我,反而还鼓励了我。我非常开心!因为我没有辜负同学们让我夺冠的希望。所以,今天我真的十分开心!

难忘的一夜

于一凡

这是我第一次独自在家过夜,也是令我难忘的一夜。

外婆有急事回家了,爸爸出差去了,妈妈也要上夜班。我理解大人的辛苦,可是看着天空慢慢地被一层黑幕遮住,心里还是忍不住紧张。

我先是蹑手蹑脚地去检查门窗是否已经锁好。然后拿出课本,努力保持镇静,开始做作业。但是我很害怕,一会儿想会不会坏人来抢劫,一会儿又想会不会出现外婆故事里讲的那些妖魔鬼怪。心里越想越害怕……

作业完成了,虽已到了我每天上床睡觉的时间,但我怕,就坐在沙发上看电视,并把音量放得很大。我想让电视节目把我脑子里的怪想法全部冲掉。但是没什么用,心里总想着一些鬼怪的事情,虽然我听老师讲过世界上根本没有鬼怪,但一想起来,心里仍忐忑不安。过了一会儿,眼皮挡不住瞌睡的诱惑，渐渐不听使唤。心想：睡觉去，没事的。刚钻进被窝，偶一抬头，忽然看到窗外有人影不断地摇摆，吓得我躲在被窝里用被子把整个人包了起来，身子不禁筛糠般地发起抖来。我努力用老师讲过的话让自己镇定下来：要相信科学。这世界上没有鬼怪，我为什么要怕？我鼓足勇气从床上爬起来，打开灯，细细看，哦，那不是妈妈早晨洗好晾在阳台上的衣服嘛，妈妈交代过，可我竟然忘记收了。就这样，拥着还带有洗衣粉的清香的衣服，我慢慢进入梦乡。

　　清晨醒来，窗外和煦的阳光照在我身上，我检查一下自己，没有缺少什么。妈妈走到我身旁关切地问："昨晚睡得好吗？"我摇摇头又点点头，没说什么。

　　我知道我成长了……

无惧挫折，花开不败

徐 婧

从教室走出来的时候，我觉得天都要塌了，周围所有人的目光都好像一把把利剑，扎得我抬不起头来。

这是我第一次遇到无情的挫折：我的语文只得了43分。我整天愁眉苦脸，一点儿精神也提不起来。放假了，妈妈关心地问："婧婧，上学期成绩如何？"我心灰意冷地答："唉，别提了。"妈妈看了看我，心里已明白了八九分。

那天晚上，她来到我房间，见我躺在床上对着墙发愣，便语重心长地说："生命是一朵常开不败的花，挫折是滋润花的养分，只有经历过挫折的人生才是完整的人生。没有养分滋润的花迟早是会枯萎的。"

听了妈妈的话，我想，是啊，俗话说："世上无难事，只怕有心人。"于是，我充满自信地对妈妈说："这点挫折不算什么,我要重新扬起奋斗之帆。"从此以后,妈妈帮我订出了复习计划。不管作文多难写,我都坚持着。新学期开学不久,我的一篇作文被老师当作范文在班上念出来,我别提有多高兴了。

看着越来越高的分数,我想,这是努力奋斗的结果啊!假如说挫折是一篇难写的"文章",我已经成功地"写"出来了。现在的我,应该积蓄力量为新的目标而奋斗。无惧挫折,自然就能花开不败。

外婆家的小菜园

杨驰野

我随着爸爸妈妈从乡下搬到了城里,离开了爱我的外婆和那片土地,可我很怀念外婆和外婆家的小菜园。

外婆十分疼爱我,我也很爱外婆。外婆那时已经六十多岁了,满头银发,脸上布满了皱纹。

外婆十分勤快,从早到晚都在忙碌着。但是不管再怎么忙,她总是要带我上她的菜园里去瞧一瞧、玩一玩。在我的记忆里,她那片菜园的四周都围着篱笆,它们高的高、矮的矮,一点儿也不整齐。她的菜园里种着各种各样的蔬菜。

每当春天来临时,外婆都忙着播种。过不多久,那些种子就长出了绿色的小芽儿……它们只是两片嫩绿的小叶子,风一吹,就随风摇动,十分可爱。菜苗稍大点儿后,每天早上外婆都要去菜园里捉虫子。外婆常对我说:"人呀，就应该勤劳。"有时候外婆还会边捉虫子，边给我讲一些生动有趣的故事，这也是我最高兴的时候了。

秋天的菜园就像我们老师手里美丽的画，肥肥胖胖的白菜在卷心，韭菜绿生生的，茄子紫得发亮，西红柿红彤彤地直晃人眼睛，还有成双成对的蝴蝶在金黄的菜花上翩翩起舞……

小菜园的篱笆上每天都会有几只又大又肥的大豆虫，它们有的是绿色的，有的是灰色的。只要让外婆看见，它们就成了那些可爱的小鸡的美味。那个时候，我还小，十分调皮，常拿小棍子把它们弄下来，逗着玩儿，开心极了。

和外婆在小菜园里度过的日子可真幸福呀！

农耕乐园的秋天

于亚茹

每到秋天,我都喜欢学校带着我们去农耕乐园,因为在那里,我能见到很多学校看不到的东西,感受和学校不一样的美。

每一次跟着老师来到农耕乐园,都赶上庄稼、果实成熟,到处是一片丰收的景象。

我看到的水果又大又红,长在高高的树上,大家可能心中都有了答案,那就是苹果。我很调皮,一下爬上苹果树,摘下一个最大的苹果,吃了一口。你们猜猜这是什么味道,猜不到我就告诉你们吧,那个味道美极了,甜甜的,吃在嘴里,甜在心里。

我继续向前走着,嘴里还吃着苹果,我听到了黄色的树叶的"当当"的声音,我本来很不喜欢落叶,可是我看它好像在说:"小姑娘你好漂亮呀!"我非常高兴。

我还知道一种蔬菜叫作茄子,这种蔬菜有着紫色的棉衣,它的味道很好,不信你可以买来吃一下。

我喜欢秋天的果园,也喜欢秋天的果实,我更喜欢秋天的景色。

我爱美丽的家乡

黄 赛

从我懂得用文字来表达思想,记录情感以来,就一直在期待,我该用怎样的美好的文字来描述我美丽的家乡呢?好像无论怎么说,都不足以真正展现她的美丽。

春天,我的家乡处处充满生机,小草从土里探出头来,树木长出长长的枝条和鲜嫩的叶子。小燕子从南方飞回来,叽叽喳喳地叫着,好像在说:"大家好,我从南方回来了。"

夏天,我的家乡大树浓密茂盛,可以为我们遮住火球似的大太阳。小河里的水缓缓地流着,小鱼在里面欢快地游动着,青蛙也呱呱呱地叫着,家乡的夏天宁静又美好。

秋天,我的家乡就更美了。水果成熟了,苹果微笑着被人们摘下来。橘子柿子,你挤我碰,争着让人们去摘呢。

冬天大雪飞舞着，飞到大树上，给大树穿上一件雪白色的衣服；飘到了地上，就像给大地铺上了雪白的地毯，还可以让我们堆雪人，打雪仗，好玩极了。

　　我的家乡真美啊！我爱我那美丽又可爱的家乡。

家乡的小河

张思语

昨天，我梦到了家乡的小河。家乡的小河是什么样的？让我来细细地向你道来。

我梦到自己来到小河边，我看见小河水平如镜，好像都不在流动。小河真清啊，清得可以看见河底的沙石和在水中嬉戏的鱼儿们。小河真绿呀，仿佛一块翠绿的宝石，在阳光的照耀下显得更加翠绿了。水中的荷叶就像在水中的大玉盘一样，荷叶也绽开了笑脸，身穿着粉红色的衣服，头上戴着一个发卡，似乎是一位亭亭玉立的少女。

小河上方还有一座石桥，上面刻着各种各样的图案，有的是双龙戏珠，有的是小狮子，有的是万马奔腾，石桥的下面还不时有木船驶过。

小河旁边上的柳枝像细长的辫子一样，一阵风拂过，柳枝就开始翩翩起舞了。草丛中一阵阵花香让我陶醉了，一只只美丽的蝴蝶在花丛中跳着新编的舞蹈,看得我眼花缭乱。勤劳的蜜蜂在花丛中采蜜,草地上的蟋蟀也拿出了他们的琴弓,欢快地拉着。口中也不停地哼着调子,树上的鸟儿也愿意一展歌喉,叽叽喳喳不停地叫着,这几种声音融合在一起,像是一首动听的乐曲。

这就是我的梦,家乡的小河,只会比我的梦里更美。

生活处处是知识

我爱你,美丽的秋

张 辉

秋天的美景,不在学校,而在妈妈带我去的果园,我爱那果园里美丽的秋。

我一蹦一跳地跑进果园,顿时,一阵瓜果的清香调皮地钻进我的鼻孔。苹果披着美丽的红裙子,金灿灿的梨在枝头争先恐后,你推我挤,谁也不让谁,都盼望着人类早点儿把它摘走。红玛瑙似的葡萄闪耀着圣洁的光芒。

走进田野,成熟的稻谷低着头好像在告诉我们要谦虚,金黄的小米吮吸着地里的营养,玉米露出了金黄的牙齿,大豆长出了又白又胖的身子。一切都是那么的美好。

一阵风吹来,飘来一阵清香,远远望去,桂花娇滴滴的,浑身散发出沁人心脾的香味,菊花伸展腰肢,露出淡淡的笑容。

秋天的美景说也说不尽,写也写不完,如果你们有机会就去跟随"秋姑娘"的脚步,慢慢浏览、欣赏。

　　我爱你!美丽的秋。

秋天在哪里

胡世豪

秋天在哪里啊，秋天在哪里？秋天在那农民伯伯的农耕乐园里。

果园里，瓜果飘香。苹果树上，红彤彤的大灯笼挂在树上，照亮了四处的黑暗；梨树上，一个个大梨子都像大葫芦似的，里面装满了水，一成熟就会喷出来；橘子树上，黄澄澄的橘子上面有许多"通风口"，好像他很热似的。

菜园里，处处都是农民伯伯的"笑脸"。地上那绿油油的大白菜，一个个被农民伯伯养得又肥又嫩；又红又大的辣椒，好像马上要爆炸似的；紫得发亮的茄子，又细又长。

田野里，落叶给大地穿上一层黄大衣，让大地保暖。绿油油的草地让人不禁地想蹲下来摸一摸。山边的小溪，冰冰冷冷的,像很孤单似的。终于她的好朋友来了,那就是连绵起伏的群山,倒映在湖面上,陪伴着他。

秋天就在这里,我真不想让这五彩的画离开。

秋游小记

张鹏坤

学校组织我们去农家秋游,这对于一直被关在城里的我们来说,简直是天大的惊喜。我要用自己的笔好好记下秋天。

老师带我们去了田野,田野里有非常多的蔬菜,紫莹莹的茄子,火红的西红柿,还有金黄色的稻海……田野里一片金黄,真是美极啦!

然后,老师把我们带到了美丽的花园,花园里的花比田野里的蔬菜还多,火红的月季花,黄又小的桂花,各色花儿争奇斗艳,让人沉醉其中,无法自拔。

最后,我们来到了果园,各种水果悬挂枝头,让人垂涎欲滴,一阵风吹过,发出"沙沙沙"的声音,好像是诱人的果实在说:"小朋友,你们快来吃我吧。"果园里的苹果又大又圆,像一个个红灯笼,引人入胜。梨吃起来又脆又香,葡萄酸甜可口,柿子又软又甜,这"香喷喷"的果园,让人眼花缭乱。

我喜欢这秋游,我喜欢这美丽的秋天。

我成了一家之主

张 慧

今天是值得纪念的一天,因为我,第一次超越了爸爸妈妈,成为整个家庭的主人。

虽然说只有一天,但我还是很高兴,因为终于可以体验一把当家长的生活了,哈哈。

一大早我就从床上爬起来了,按照我平时的观察,第一件事,先去菜市场买菜!

攥着钱,我一溜烟跑到菜市场,哇!真是人山人海,好像连点空隙都没有。我憋足了劲儿往进挤,好不容易才挤到一个菜摊旁:"土豆一斤多少钱?""八毛!"摊主答道。我背起手,装着大人的样子说:"太贵了,七毛卖不卖?""不行呀,我七毛进的!""不卖我走了。""好,卖给你。"摊主忙叫住我给我称了一斤,我付了钱笑眯眯地走了。我又来到一个卖西红柿的摊前称了一斤，带着我的"战利品"哼着小曲儿回家了。

买好了菜，下一步当然就是做饭啦。这当然难不倒我这个"中华小当家"！我先把米焖到锅里，便开始做菜了。洗土豆，然后一切两半，"呀，里面变黑了！"我喊起来。剩下的两个也都切开，全部都是黑的。我顿时像只泄气的皮球，坐在椅子上，菜都坏了，还怎么做饭！

"怎么了？"妈妈进来一看，说："扔了吧，妈妈再去买一斤，别难过！"过了一会儿，妈妈把菜买回来了，我还是情绪低落，出师不利啊。

"快做吧！乖儿子，我可饿了！"妈妈打趣道。我又振作起精神，洗菜、切菜、倒油。等油热了以后，我把已经切好的肉丝（肉丝是妈妈切的，我实在切不动）、土豆、西红柿放进锅内，一边炒一边放佐料，弄得我手忙脚乱，一没留神，土豆炒得有些焦了。我只好盛在盘子里，硬着头皮端给爸妈尝。

爸爸尝了一口，说："不错，不错。"然后问我，"这黑的是什么？""土豆。"我心虚地说。"那这块皮呢？"爸爸又问。"番茄。"我的声音更低了。

爸爸笑了起来。我急了，说："你别笑了，我是第一次做嘛。"这时妈妈已盛好米饭走进来了。我早已饿得肚子咕咕叫了，抓起筷子大吃起来，嘿！真香呀！

只是做饭，竟然这么难，一家之主，还真的不好当啊。

我的短暂"生意"经历

赵文青

我的爸爸是生意人,妈妈也是生意人,他们老想着,让我也成为一个生意人。

一天,爸爸对我说:"从明天开始,你就退学帮我做生意!"

一听这话,我的心为之一颤。我放声大哭,央求爸爸不要让我退学。这时,妈妈端着碗面进屋来,我急切地求她替我向爸爸说说好话,不要让我退学。可妈妈一副无所谓的样子,摇摇头说:"你就依了你爸吧。"说完把面塞在我手里,含泪走了。连平时最疼我的妈妈也让我退学,我又气又急,将面摔在地上,整整哭了一夜。

转眼间一周过去了。在退学的这段日子里,我好羡慕背上书包去上学的孩子。

一天,送货的人运来十五箱饮料,爸爸就让我帮他卸货。正巧有位老大爷来买饮料，我打开箱子，突然发现食品没有生产日期，没有生产地址，没有合格证。记得老师以前讲过，这都属于不合格的产品。我急忙告诉爸爸，爸爸立即抓住那位贩假货的人，可他怎么也不承认，我走上前，滔滔不绝地将老师讲过的"三无产品"一一说出来，惊得那位货主目瞪口呆。

事后，爸爸问道："你从哪知道这么多？""书本里。"爸爸愣住了，许久才清醒过来："今天若不是女儿认出了假货，这借来的几百块钱就全泡汤了，还要遭众人责骂。"

晚上，爸爸来到我的房间，后悔莫及地说："是爸爸无知，让你退学。现在我才明白，学知识有多重要，不能做我这样的睁眼瞎，你明天还是去上学吧。""真的？"我实在不敢相信自己的耳朵，就狠狠地揪了自己一下，生疼生疼的。我欣喜若狂，连忙亲了爸爸一下。"除此之外，我还要奖给你一支钢笔，希望你好好学习。"听了爸爸的话，我一蹦三尺高："您真是世界上最好的爸爸！"说着又吻了爸爸一下。在门外偷听的妈妈笑盈盈地走进来，指着爸爸说："你这老头子……"

爸爸哈哈大笑起来，我也高兴地笑了，爽朗的笑声传出了农家小院，飘荡在深邃的夜空中。

145

"改革"入我家

刘新宇

爸爸是个政治老师,他老喜欢在家里也搞政治那一套,说自己是"改革家"。

这不,在我八岁生日那天,我没有迎来我的生日,我家却迎来了一系列改革!

第一项改革:在家中破"三铁"。所谓"三铁",一是打破妈妈在家中独包家务的"铁饭碗";二是打破我衣来伸手、饭来张口的"铁交椅";三是打破我每月拿零用钱的"铁工资"。看到我的种种特权都被限制了,我心里可不大高兴。妈妈又宣布了第二项改革方案:聘我在家里打工,每次完成任务就付两元工资。我一听,心想这还不容易,于是我二话没说就答应了。

第二天,作为"小小打工仔"的我就开始在家里"打工"。吃完中午饭,我要收拾桌子了。望着桌子,我束手无策：是先把碗放进水池呢，还是先擦桌子，还是先洗碗？我看着一旁似笑非笑的妈妈，嘟着嘴说："妈妈，您教我，我来做。"妈妈让我先把碗放进水池，再擦桌子，然后洗碗。由于这是我第一次做，干起来顾了东，忘了西。终于忙完了！我一屁股坐在沙发上，咳，累死人啦！真不知道妈妈平时是怎么干的。

过了几天，我做家务就熟练多了。我先把碗放进水池，再擦桌子，然后洗碗，最后，我还把溅在白瓷砖上的油污擦掉。妈妈看着我有条不紊地完成了任务，在一旁欣慰地笑了。

一个月过去了，结算一下我的收入，已有一张"毛爷爷"了，比平常的零用钱还多呢！我尝到了打工的甜头。当妈妈问我假期还打不打工时，我说："当然要打，不过……我免费服务！"

"哈哈哈！"家里传出了欢乐的笑声。

生活处处是知识

闫佳音

暑假的一天晚上,我们一家三口坐在阳台上乘凉,天气是那么闷热,还有那可恶的蚊子,在耳边嗡嗡地叫。

"啪"的一声,吓了我一跳,原来是爸爸在自己的大腿上打死了一只蚊子,我突然发现,原来爸爸最受蚊子的"欢迎"。

我把这一伟大发现告诉了妈妈,妈妈开玩笑说:"你爸吃得那么胖,蚊子当然喜欢叮他。"

"蚊子也喜欢吃胖子吗?这不科学。应该和我的血型有关。"爸爸说。

我连忙举手说:"不对,不对,我和你血型一样,为什么我不被叮咬呢?"

爸爸看着我,笑着说:"那你想一想,还有什么原因?"我背着手绕着爸爸妈妈走了一圈,突然发现妈妈和我穿的都是白衬衫,而爸爸穿的却是黑短袖、黑裤子。我高兴地跳了起来:"我知道啦!我们的衣服颜色不一样。"我连忙打开爸爸送给我的生日礼物:《问不倒小博士》这本书,仔细翻阅起来。啊,找到了!原来蚊子喜欢弱光,而不喜欢强烈的光线。穿黑衣服的人,光线较暗,适宜蚊子的生活习性;相反,白色衣服反射的光较强,对蚊子就有一定的驱赶作用。所以,蚊子喜欢叮穿黑衣服的人而不喜欢叮穿白衣服的人。

  我拿起书读给爸爸妈妈听,爸爸摸着我的头,高兴地说:"看来,生活处处是知识啊。"

一杯茶，一人生

陶婷婷

一杯清茶，仿佛能看透世间的一切。

中国的茶道远近闻名，不同的茶有自己不同的独特。一杯再好的茶给不懂的人去品味，也道不出个所以然来，但若是给一个内行的人，能道出茶的醇香与苦涩。

一杯茶是由新鲜的茶叶加工而成，我曾见到过这样一个小视频，茶道之人手拿一杯装满热水的玻璃杯，放入神奇的茶叶，片刻之后，那茶叶就像被施了魔法一般，在水中绽放，竟如一朵花儿一般绚烂！

一片茶叶，在水中之后，竟有如此美丽的变化，真是一个奇迹！

每逢佳节，父亲都要按照传统习俗送节，礼品中少不了有茶叶，爷爷偏爱茶叶，他的脾气略有暴躁，每遇祖父动怒，祖母便让我递去一杯清茶，这样，不仅能使祖父消气，我还可以得到祖父的夸奖呢。

借我一个星期八

李高照

天空划过一颗流星,我双手合十,向流星许愿祈祷,请借我一个星期八。

我好想有个星期八,哪怕不是每个星期都有的。如果真的有,我一定会好好利用,不去浪费掉任何一秒。

借我一个星期八,我会好好地睡一觉,这样我就不会有黑眼圈了,同学们也就不会再嘲笑我了。

借我一个星期八,我会和父母一起去楼下打羽毛球,减减肥,这样我就不再是个小胖子了。

借我一个星期八,我会玩平板电脑、耍手机、看电视,给自己好好放一个假。

借我一个星期八,我还会继续学习。因为只有学到丰富渊博的知识和高超的本领,充实自己之后,长大后才可以买到很多汽车和房屋来回报自己的父母。

借我一个星期八，我会去中心街吃牛排。因为每次吃了牛排后，我都觉得还不过瘾，所以很想再去吃一盘！

借我一个星期八，我会去金延安玩。因为那里有美食节，在那里我可以吃到任何我想吃的美食。

借我一个星期八，我要去枣园公园玩。让自己沉醉于大自然的美景之中，进而使自己的身心得到更好的放松。

如果流星真的灵验，我一定要完成以上说的所有愿望，真的很想有这样一天的存在！

第一次西红柿炒蛋

翟世界

有没有想过,当有一天,你饿着肚子,却发现家里空无一人,只有你自己,你该怎么办?

我就心想:那我自己做饭好了。我向厨房走去,想吃什么好呢?吃西红柿炒鸡蛋吧!

我拿了两个西红柿,几个鸡蛋,然后开火。先把西红柿切成一小块一小块的,然后把鸡蛋打碎到碗里。接着,往锅里倒了一点油,把西红柿也放到里面,后面再把鸡蛋也放到锅里面,又放了一点儿盐。开始炒菜了,炒完了,我把炒好的菜放到一个碗里。我吃着自己做的菜,真是美味极了。

吃完了香喷喷的饭,我就去洗碗筷了。洗着洗着,碗筷也洗完了,我便打开电视看起了电视。不一会儿,妈妈回来了。

这就是我第一次西红柿炒鸡蛋，虽然样子不好看，至少，喂饱了自己。

除夕夜话

李晓雪

又是一年除夕夜，平时都在各地忙碌的一大家子，很难得地团聚在一起。

吃着丰盛的饭菜，大家随意的聊天，爸爸、叔叔在讨论一年的收获。他们都在南方一家酒店当厨师，每月每人净赚两千元，一年他们带回了四万多；旁边的姑姑呢，她高中毕业后到一家中外合资的电子公司工作，年底也带回一大把钞票。

正谈得热闹，八十岁的太爷爷突然咳了一声，大家打住了话题，因为大家知道太爷要讲话了。大家都竖着耳朵听太爷讲了起来："咱们家啊，都是打工的命。但同是打工仔，就我和你爸苦命。我八岁时，就给人做长活。你爸七岁时，我把他也带去做了童工。父子俩，没日没夜地给地主干活。到了年关，不但分文工钱没给，还被赶了出来。哎!再看看现在,真是两个社会两重天哪!"

我在一旁插不上嘴,但有一点我明白:我喜欢现在的生活。

地球妈妈的忠告

田小宽

亲爱的孩子（人类）：

你们好！

我亲爱的孩子，一直以来，你们都是我最美丽的杰作，是我哺育了你们。

但是在这几千年来，我的身体已经被你们当中无知的人类糟蹋得不成样子！在远古时期，大自然是多么美丽，那里有清澈的河水、连绵起伏的山脉、充满生机的春天；有让世界充满活力的夏天、硕果累累的秋天、冰雪世界的冬天。而现在只有满是沙土的河水，有被夷为平地的山脉，有死气沉沉的春天，让人厌恶的夏天，枯黄枝叶的秋天和雪花不飞舞的冬天。太阳公公已经发火了，但现在回头还来得及。正所谓"浪子回头金不换"。太阳公公发火了，地球就会发生大爆炸，炸了整个太阳系，甚至会把外星系干扰了。

　　所以你们要立刻把以前的坏习惯改掉,懂得爱护我,之后,我会去给你们求情,别再自掘坟墓了!

　　希望你们年年有余,民安国泰。

你们的地球
2017年×月×日

花 开 满 园

谢雨欣

春天来了,天气暖了,楼下的花园也变得热闹了,我却天天上学,没有时间去看看。

周六的早上,阳光正好,今天终于有时间享受美好时光啦!我已经迫不及待去楼下的花园了,因为在我家住的五楼我都能闻到一阵醉人的花香。

我飞快地跑下楼,一阵风似的刮进花园。哇!花坛里的花全开了。

花坛是一个大大的长方形,里面不知有多少小花呀!我看见一群蜜蜂正在花丛中飞来飞去。我突然感觉到,这些淡黄色的花和蜜蜂是多么友好啊,花儿在展示美好的容貌,蜜蜂在炫耀自己的舞蹈,配合默契。我被这么美的花园感动了。

我突然转身一口气跑回家中,从屋里拿出画笔和白纸，然后冲下楼来，就坐在花坛的旁边，开始画我眼前看到的一切。

蜜蜂在欢快地跳，我也在欢快地画。我边画边呼吸着浓浓的花香，边画边向蜜蜂致意。蜜蜂在花上跳，我的笔在纸上跳——我感觉是在花上——其实我真的是在花上！我决定了，我要给我的大作起个名字，就叫"花香满园"。

下雪之乐

路杨涛

进入冬天，我和我的小伙伴们，无时无刻不在盼望着下雪。雪中的那些乐趣，那些美景，是其他季节无法相比的。

从前天开始，天空变得阴沉沉的，像抹了一层灰，凛冽的寒风把地上的沙土吹得到处乱飞，叫人睁不开眼睛。这是雪精灵命令他的使者风婆婆来给我们传送的情报——雪精灵即将到来。

今天一大早，我打开家门，不由得惊叹道：啊！雪终于来了。我高兴地欢呼着、跳跃着，在洒满雪花的大地上奔跑着，完全忘情于美丽的雪景中，竟忘了去上学。妈妈看见了，催促我："要迟到了。"我这才醒悟了，骑上自行车急忙往学校赶去。

来到校园，我又是一愣：操场上白茫茫的一片，草坪拉开白色的"棉被",睡得好沉啊!同学们欢笑着、追逐着、狂呼着,用滚雪球的办法,才掀开草坪的"棉被"。但草坪似乎还没睡足,同学们掀开这头,却又被盖严了那头,眨眼工夫,一层更厚的"棉被"——鹅毛大雪——又铺展开来,让所有的同学再也无计可施了……

"啊!雪下大了!"同学们欢呼起来。我走进教室,望望窗外,远处的高楼已变得模糊不清了。那隐隐约约的大棚顶顿时也披着银白色的袍子,要不仔细瞧,简直无法辨认呢!真有点像因纽特人用冰砌成的房子。树木呢?原来它们也被大雪镶上了一条条银白色的带子。银枝玉叶的杨树上绽开了一朵朵小白花,真是美极了!

鹅毛般的大雪犹如大风卷起的"棉花舞",在天地间翻滚着,簇拥着……脚踩在白色地毯上发出"咯吱咯吱"的响声,又组成一曲欢乐的冬之奏鸣曲!它那飘逸的神采,冰清玉洁,优美动人。我真怀疑这是仙女撒下的碎玉,是月宫里桂树的缤纷落花,是嫦娥打翻了粉脂盒,是冬天特有的"蝴蝶"。深深地吸一口气吧,你会觉得甜丝丝的,似乎闻到了旷野鲜活的气息,山谷里幽雅兰花的气息。

啊!好一个粉妆玉砌、银装素裹的世界,好一场让人欢乐的雪!

秋天的校园

郭玉宏

美丽的校园，四季交替，每一季的美都让人心动，温暖烂漫的春天，炽热火红的夏天，金色满园的秋天以及白雪装点的冬天，而我最喜欢的，当然是秋天的校园了。

秋天，顽皮可爱的小叶子都从树上像跳伞一样跳了下来，一阵"呼呼"的响声，应该是为秋姑娘的到来而感到欢喜。一眼望去，一片片叶子挨得那么紧，从远处看就像一片金色的稻田，也像一片金色的海洋，这样看，使人心情更加愉悦了。

在校园里，还有很多各色的小叶子引人注目，这些小叶子形状各不相同，有细长的，有桃心的，还有瓜子形的，形状不一，但都非常漂亮。我们最喜欢在下课的时候走在路边，仔细地挑拣这些小叶子，选出最美的，夹在我们的日记本里，这是我们对秋天的纪念。

秋天的校园，有一种安静，让人走在校园里，内心平和。风是柔的，叶是黄的，天是蓝的，人是舒服的。我喜欢这样的校园。

最爱桃花

曹权威

她有着粉里透白的颜色，有着淡淡的香气，如同一张张粉红的笑脸面向我们。一只又一只的蝴蝶站在花上，犹如仙女在桃花上跳舞。站在远处看，有的花儿含苞待放，有的花儿欣然怒放，有的花儿半开半合，真美啊！

她就是我最爱的桃花。

我仿佛也是一朵桃花，穿着一件粉红的上衣，蝴蝶、蜜蜂都在我身上唱歌、跳舞，和我说它们的旅游之地。我看见一朵花还没有盛开，我们为她加油，为她鼓劲。那花儿听到我们在帮她鼓劲，她很感动，努力地绽放。

等我回过神来，发现一阵风把桃花的花瓣哗哗地吹了下来，就像"桃花雨"。

在我的家乡，这里的桃花是我最喜爱的花之一。

林中的故事两则

朱鸿飞

一

年轻人陪自己的爷爷在林中散步,他们似乎在争吵些什么。

年轻人朝气蓬勃,他指着一朵怒放的鲜花,说:"看,我的生命就像那花一样绚丽,洋溢着无穷的活力。"爷爷笑而不语。

一夜暴风雨。

清晨,两人又一次在林中散步。青年又看见那生命之花。绚烂的花瓣飘落满地,无助的、纤弱的茎在风中孤独地摇摆,花蕊暴露在外面。青年无语。

爷爷长叹:"绚丽的外表曾经是那么风光,没想到竟这么脆弱，这么不堪一击！"

两人继续向前走。

爷爷捡起了一个掉在地上的核桃："如果你愿做那鲜花，那我则情愿做这干瘪的果实。虽然很难看，但是在这丑陋的外表下，却孕育着一个生命。每一颗果实都曾是一朵鲜花，但并不是每一朵鲜花都能成为果实。"

爷爷掰开了果实。里面露出了饱满的果仁——那是生命的内核。

青年沉默不语……

二

年轻人陪自己的爷爷在林中散步，他们似乎在争吵些什么。

年轻人朝气蓬勃，他指着一朵怒放的鲜花，说："看，我的生命就像那花一样绚丽，洋溢着无穷的活力。"爷爷笑而不语。

一夜暴风雨。

清晨，两人又一次在森林里散步。年轻人又看见那生命之花。花瓣飘零，无助的、纤弱的茎在风中孤独地摇摆，但仍有两片花瓣顽强地挺立在花托上，上面凝结着晶莹的露珠……爷爷无语。

年轻人笑道："想不到如此脆弱的生命，不但有绚丽的外表，竟还能如此有尊严地活着，原来它也有一颗坚强的心啊！"

两人继续向前走。

爷爷捡起了一个掉在地上的核桃："如果你想做那美丽的鲜花，那我则是这干皱的果实。果实虽然没有美丽的外表，但却孕育着生命。"爷爷掰开了果实。里面露出的是干瘪的果仁。

年轻人感慨："没想到那饱经风雨的坚硬的壳包裹着的，竟也有空虚的灵魂！"

爷爷沉默不语……

勇于尝试的小草

史明威

当小草还是一粒种子的时候,它随风飘过很多地方。它到过肥沃的田野,到过农家铺满厚厚砖瓦的屋顶,它看到很多同类在那些地方扎根,但它想要尝试新的地方。

于是,它飘到了一个好地方,一块岩石的中间。小草准备停落的时候,岩石姐姐却说:"小草弟弟,你还是找别处吧,我这儿太贫穷,是养不大你的啦!"小草种子听完之后说:"没关系的,你不用关心我,我一定可以照顾好自己的。"

岩石姐姐听罢,便点了点头,"哦"了一声,才让小草生长在岩石缝中。

春天到了,小草终于从土里探出了头,长了几片小小的,嫩绿嫩绿的叶子,毛茸茸的。

看见小草这么快地长大了,她高兴极了,心想:"原来我这贫困的身体也能孕育出小草啊!"她非常激动,还留下了欢快的眼泪。

不知过了多少年,小草越长越粗,越长越大,好多人看见了小草都被感动了,当然,岩石姐姐也非常兴奋,因为小草使她生机勃勃。

所以不管什么事,一定要勇于尝试!

如诗如梦的秋雨

团结的蜜蜂

段梦情

有一只蜜蜂，勤劳能干，但每天吃的蜜很少。

这只自以为能干的蜜蜂和蜂群闹了意见。它觉得自己做的工作很多，收获太少，它抱怨大家对它不公平，忘记了它的功劳。

"我在这里付出都不算少呀！"小蜜蜂气愤地说，其他的小蜜蜂也说："我们付出的也不少呀！""可是我比你们付出的更多！"说完，小蜜蜂就飞走了。

时间就这样一天一天地过去了，冬爷爷也快要来临了，花儿都凋谢了。这只离家出走的小蜜蜂饿得快不行了，于是，它决定返回蜂群，蜂群里的其他小蜜蜂也正在寻找离家出走的小蜜蜂，因为那只小蜜蜂经常给蜂群的其他小蜜蜂讲笑话，因此蜂群里经常发出快乐的欢笑声。现在蜂群里冷冷清清的，要是那只离家出走的小蜜蜂回来了该有多好呀！就在这时那只小蜜蜂回来了，其他的小蜜蜂一拥而上，欢迎着小蜜蜂的归来。

　　从那以后，小蜜蜂们快快乐乐的生活在了一起，因为它们都知道只要团结，什么困难都不用怕。

苹果树与小女孩儿

张效洋

有一个小女孩儿,在自家院子里亲手种了一棵苹果树,浇水施肥,小心呵护。小树很喜欢小女孩儿,他拼命长大,希望能给小女孩儿提供一片绿荫,让小女孩儿能吃上鲜美的苹果。可是,没多久,女孩儿就离开了。

在一个炎热的中午,一只小鹿跑过来问:"小树,我可以在你的下面乘凉吗?"小树点了点头,小鹿高兴地叫:"太好了,为了报答恩人,我可以满足你一个愿望。"小树想也不想,就说:"我想回到小女孩儿身边。"一道白光闪过,小树闭上了眼,再次睁开眼睛的时候,他看到了一个日思夜想的身影……

天呐,真的是小女孩儿,小树不禁流下了泪水,小女孩儿高兴地走过来,说:"小树,你醒了,我们玩儿吧!"说着她便围着小树转起了圈,一边转一边咯咯地笑，小树也开心极了。到了下午，小女孩儿去吃饭，吃完饭后在井中打了些水，放在壶子内，给小树浇水，还说："小树也要快些长大哦。"

然而，快乐的时光总是短暂的。小鹿的法力只能维持一天，如果超过时间，小女孩儿便会有灾难发生；小女孩儿明天就搬家了，小树不能再次接受这样的生离死别。

于是，小树回来了。

就这样，小树以为自己会平凡地过一辈子，可在硕果累累的晚年时期，小女孩儿竟然带了两个孩子回来了！原来她也时刻在想小树，他们四个这样生活在了一起。慢慢地，小女孩儿已经老了，可她还会与小树，不，是老树，讲真心话。

我爱夏天的火红

赵雪霞

在我的心里，四季是多彩的。春天的绿，是希望；夏天的红，是热情；秋天的黄，是收获；冬天的白，是纯洁。

我喜欢夏天的火红。

你瞧，火红火红的太阳烘烤着大地，像炉子里的火一样烧着。可是，一朵朵花儿开得红艳艳的，金闪闪的，银亮亮的，绿汪汪的，美丽极了。真是万紫千红，千姿百态，让人赞叹不已！那荷花更是花中一绝，粉红的花在碧绿的荷叶与清澈的池水的衬托下显得那样清秀典雅。

夏天的人们，心也是红的。小伙伴们盯着火红的太阳，把自己晒得皮肤红红的，大家尽情地玩耍，嬉闹，展现自己的活力。

啊！夏天是火红色的！我爱火红色的夏天！

神奇三夏,如诗如画

辛书豪

一年有四季,一季有三夏,夏天的每个月都有自己独特的美,都是一幅神奇的图画。

看,她像一位会变戏法的魔术师,开始还是风和日丽的,现在却忽然下起了大雨。太阳孤零零地站在旁边,而雨不停地下,真是"东边日出西边雨,道是无晴却有晴"啊!

看,她又像一个变化多端的捣蛋鬼,前一秒晴空万里,后一秒却倾盆大雨。

看,她更像一位热情的朋友,无论你是谁,她都对你是无比的"热"情。

夏,真是一个神奇的季节!

初夏时,林中的花儿含苞待放,像一个随时要爆炸开来的炸弹;还有那平淡无奇的云,一到夏天就调皮起来,刚才还一个人玩耍，转眼间就抱成一团，调皮得叫人诧异。

到了仲夏的时候，"神奇"这一特点，也到了最盛，刚刚还是紧闭的花苞，马上又变成一位全力盛开的花姑娘。那林中本该是寂静无声的，可它随随便便就让丛林中演奏一首热情洋溢的曲子：不仅有蝉的高音，鸟儿的中音，还有与微风做伴的树叶的低音。还有那池中的生物们也不甘寂寞，荷花绽放出它妖冶的花朵，鱼儿在为那荷花伴舞，一会儿在水中穿梭，一会儿在水上跳跃，一切都是那么的灵动！

夏末时，它的热情收了一半儿，花儿本来还是绽放的，林子本来是热闹的，池中本来是美丽动人的，可是这一切都由着它的性子，慢慢地变得冷静起来，让人不禁叹息起来。

夏，真是一个神奇的季节！

热闹的夏天

牛浩然

一年四季里面,若要选最热闹最美丽的一季,我绝对投夏天一票,我家门前,夏天就是最热闹的。

走出家门就可以看见很多小草。夏天的时候小草变得很绿,就像一块很大的翡翠铺在了地上,还有几朵晚开的蒲公英也来凑热闹。青草地和蒲公英黄色的小花搭配起来,美丽极了。有一种不知名的小草,样子很像小树,蚂蚁们经常在它下面安家。快要下雨的时候蚂蚁就会搬家,可是每次搬家都太晚了,大雨会毫不留情地从天上跳下来给蚂蚁们洗个澡。

门前右边有一棵桃树,但是树上的桃子不能吃。因为桃子很小,比花生豆大不了多少。小小的桃子剥皮晾干后可以串成手链和项链,据说还可以卖钱呢!

门前左边是一座不高不矮的山,山上面长满了绿油油的树。刮风的时候，全山的树都会随风舞动，就像一片绿色的呼啸的海洋。清晨，山上还有许多的鸟儿，它们的叫声像优美的音乐，动听极了。晚上，门口有很多小朋友在一起玩。他们有的在骑儿童车，有的在玩土，还有的在追逐打闹……不玩到深夜就不回家。

　　看，门前的夏天是不是很美很热闹呢！

我喜欢夏天

任翔宇

一年有四季,春暖花开,夏日炎炎,秋有金黄,冬有白雪。四季之中,我最喜欢夏天。

夏日炎炎,酷暑难熬。就连树上的知了也大叫:"知了、知了,热了、热了。"夏天的太阳"毒",老天爷也十分"吝啬",下的雨太少,可能是怕交"水费"吧。枝繁叶茂的大树在夏天显得更加重要,像撑起的一把把遮阳伞。小狗爬在树荫下,吐着长长的舌头,"呼哧呼哧"地喘息着。

花儿呢,却十分精神。就说向日葵吧,它面对太阳,好像在同太阳比赛,看谁长得漂亮。再看荷花,整天泡在水里,连一声"苦"也不叫,使劲儿地长呀长呀。人们也学着它,"扑通"一声跳下水。游泳池成了人们的避暑胜地。

夏天虽热，但水果却很多。有桃、杏、香蕉，还有大西瓜。像我们这些"贪吃鬼"的口水早成"洪水"了。

夏天虽然热，但有口福，有欢乐，所以我喜欢夏天。

迷人的秋雨

尚 林

春雨太小，夏雨狂暴，冬雨又太冷，四季之中，我只喜欢迷人的秋雨。

周六的早上，又是一场秋雨。刚从床上下来，光脚丫踩在凉冰冰的木地板上，我却毫无感觉。从窗外传来的雨声把我吸引住了，我走到窗前，拉开窗帘，一下子变得特别清醒，比用冷水洗脸要清醒好几十倍。我注视着那迷人的秋雨。

秋雨滴在蓝色的雨棚上，发出滴滴答答美妙的声音，好像在说："下雨啦！下雨啦！"雨落在墙上，又哗啦啦地流下去，好像墙上有一个个大壁泉。雨落在玻璃上，好像无数个透明的小泥巴球打在玻璃上，可刚一接触到玻璃又消失了。雨落在水中，好像一个个从天而降的跳水运动员。雨落在手上，好像一根根冰针扎在手上。雨落到树上，又好像来到了绿色的舞台。秋雨让金色的秋季更加瑰丽。

　　大约过了十多分钟，我才觉得我的脚丫子凉冰冰的，瞬间我就回到了还没有凉透的被窝里。我认为在被窝里听雨也许更有趣。

金黄的秋，收获的秋

王刘宁

秋天是什么样的？秋天有什么？这个周末，我们一家人去姥姥家的果园寻找秋天。

走到果园门口，我们就看到了一片美丽的秋色：苹果树上的苹果红彤彤的，像小孩儿可爱的小脸；黄澄澄的梨像会发光的金子……看见这片美丽的果树林，我情不自禁地跑到了苹果树下，连忙伸手摘了几个红苹果。看着又红又大的苹果我忍不住咬了一口，啊，苹果真甜！再看看这果肉，淡黄淡黄的，真好看！嗯，秋天是金黄的。

这时，弟弟说想去果园旁的稻田玩，我们就一起走到了稻田边。啊，一片金黄色的稻田金灿灿的，发出了浓浓的香味。没想到，远处也有一棵棵苹果树，房子旁边还有橘子树，那顶着橘子的枝丫像一把把燃烧的火把，真美丽！正玩儿得高兴，不知不觉太阳快下山了，爸爸妈妈摘了一些果子,准备带回家饱餐一顿!嗯,秋天是收获的季节。

我爱丰收的季节,更爱这金黄的秋天。

如诗如梦的秋雨

徐秋雨

也许是名字里有"秋雨"的缘故吧,我自小就喜欢"秋雨"。我的世界里,秋雨像诗一样美好,像梦一样温柔。

下午,我正在窗前写作业,一股秋风透过纱窗蹿了进来,很凉,还带着一点湿润。于是,我收起作业,想尽情领略秋雨带给我的快乐。我眯起眼睛,翘首仰望天空,似乎什么都没有。我又低头看看窗户,只见玻璃上不断增加着一个个小水点。哦,我知道:秋雨来了。

一会儿,地上就不再是一个个的小圆点了,而是闪亮的一块一块的光斑,继而又汇成闪亮的一大片一大片……再也找不到一块干地了,只听见窗外传来哗哗的雨声。从这雨声中,不难听出,雨点很大、很重,它们击在路面上,溅起了皇冠似的朵朵雨花,然后迅速消失,紧接着又有千万朵雨花飞溅开来……

　　耳边尽是雨声，一串串又密又急的雨点儿在眼前织成了雨帘，白晃晃的。雨线不住地往下落，风、土、雨混在一处，连成一片；横着、竖着、灰茫茫、冷飕飕的，一切东西都被裹在里面……此时，窗外的雨响成一片，地上的水花开成一片，而我的心里则美成一片……

　　窗外的雨渐渐地小了，落下来的雨点也渐渐轻了，眼前的雨帘和水花也慢慢地消失了，取而代之的是那属于梦的、充满诗意的蒙蒙细雨，整个城市便笼罩在一片白茫茫的雨雾之中。那雨，比落叶还要轻，比针尖儿还要细，一串串，一缕缕，轻轻落在街上，落在人们的脸上，迷迷茫茫，悄无声息，随风飘荡……

　　这就是我的最爱，如诗如梦的秋雨。

诗意的秋天

张嘉斌

我喜欢秋天,秋天的落叶、树、古桥,勾勒出一个优美的意境,人行桥上,如诗如画。

不知是什么东西,轻轻地抚摸着我的额头。我抬头向上看,原来是焦黄的树叶。它们晃晃悠悠地落了下来,落在我肩上,落在我头上,落在清澈的湖面上,霎时天地间一片金黄……

我伸手接住一片正在下落的树叶,让它平躺在我的手心。静静地,我看着它,细数着它那精致的纹理,好像这里面蕴含着生命的奥秘!

我把和我最有缘的那一片树叶放在清澈的湖面上,让它承载着我的梦想漂向远方。

随手捡起一片树叶。再往前走,一棵树便映入了我的眼帘。

走近她，我用手指一圈一圈地画着、细数着它精致的纹理，这棵树的年纪，应该和我差不多大了吧。

不远处便是儿时经常玩耍的古桥，它在涧水之上弯着腰渡人渡马渡车渡日月。一步一步，我走上这古桥。脚，在桥面走；手，摸着桥梁。涧水在桥下欢快地跳跃着。我不由感叹：秋天真美！

我爱秋天，爱这如诗如画的秋天！

我收到了冬天的礼物

陈 冲

这是入冬以来的第一场雪。雪花一片片晶莹剔透，就像是被最伟大的艺术家雕出来的，光滑而又均匀。北风呼呼地刮着，雪花在空中飘着，又纷纷落下，地上白了。

这可是冬天送给大地的新年礼物呀！只见一枝枝树条被大雪压弯了腰，像珊瑚，又像奇异的鹿角。瞧！冬爷爷也没有忘记冻得发抖的麦苗，厚厚的积雪如同一条松软的棉被，小麦苗在棉被里会做一个甜甜的梦，梦见自己长高，结出金黄的麦穗。

这也是冬天给我的礼物。冬爷爷最不能忘记的就是早已盼望着他的孩子，"他"忙着把准备好的小雪花送给每一个小朋友。

他们欢呼着："下雪了，冬爷爷又给我们送礼物来了。"孩子们有的堆雪人，有的打雪仗，冻得小手小脸红彤彤的。他们欢笑着，嬉闹着，路上的行人们则用一串串美丽的脚印装扮着大街小巷。

雪越下越大，它像雾一样轻，像玉一样洁白，整个城市银装素裹，好似一个白衣仙子，美极了。

天连着地，地连着天，白雪茫茫，无边无际，整个大地都变得玉琢银砌似的。

我收到了冬天的礼物，不只是雪花，还有快乐。

武汉的冬天

汲晨曦

我的家乡是武汉,这里是全国三大"火炉"之一。当然,我们都不喜欢夏天的火热,武汉的冬天,才是我最喜欢的。

当秋风吹落了树上的枯叶,冬天的序幕便拉开了。这时的太阳光变得懒洋洋的,似乎有些精疲力竭了。姑娘和小伙子们一向是季节的风标,在人们还未留意时,新潮猎装和大衣便套在美丽的羊毛衫外,给冬天贴上了标志。小学生们则穿着各种色彩艳丽的轻便滑雪衫,尽管这个城市里并没有雪可滑。

我们武汉最冷的日子,要数腊月二十几。虽然零下4摄氏度的气温对北方人来说根本不当回事,可在武汉已是天寒地冻了。冷风嗖嗖,带来阵阵刺骨的寒气。人们最怕这种干冷,哪怕是不痛不痒地飞下薄薄一层雪絮也好,因为雪后定然是如歌中唱的那样"下雪了，天晴了……"

冬天的武汉难得下场雪，偶尔碰上一场鹅毛大雪，会让我们兴奋得跑进雪地又跳又叫，好像过狂欢节一样。每当看到窗外飘起漫天大雪，同院的小孩们便聚在一起商量怎么个玩法。想堆雪人，又想滑雪，还想打雪仗。雪是大家的，大自然既然慷慨地把它赐给我们，就让我们尽兴地玩吧！等不到雪停，我们这些女孩子便拿出打扮布娃娃的本领，打扮堆好的雪孩子。我们用煤球镶眼睛，把红布剪成弯月形，贴上去，就成了鲜红的嘴唇，再戴上小红帽，一个漂亮的雪孩子就亭亭玉立在雪地上了。我们正欢呼欣赏我们的杰作，一个雪团不偏不倚地打歪了雪孩子的小红帽。抬头一看，原来是一群男孩子在大楼顶的两个平台上，摆开了打雪仗的战场。他们互相扔掷雪团，热闹极了。我们抵不住雪仗的诱惑，扔下哭兮兮的雪孩子，也抢上去参战了。雪团砸在小一点孩子的头上，他们就哇哇大哭，不甘示弱地抓起雪团扔在对方脸上，当看见对方满脸雪花，又破涕为笑了。也有目标瞄不准的，雪团扔不到对方平台，掉到两栋楼房之间的过道里，砸在路人身上，遭到大人的厉声呵斥，"肇事者"便狼狈逃窜，我们都哈哈大笑起来。雪仗打完了，才想起要滑雪，可雪却缓缓地融化了。南方的雪，终究没让我们尽兴，便悄悄地溜走了。

雪后的太阳像朵金蔷薇，把泛着金光的温暖洒向大地。为了干干净净迎接春节，各家各户在平台上牵起绳，纵横交错,将平台上方那块湛蓝的天空分割成几个豆腐块。绳子上晾满了棉被、棉垫絮、床单等,好似一座迷宫。我们在豆腐块里穿来穿去躲猫咪,干净的床单上留下了我们抓揉的痕迹,有的还抓住绳子荡秋千,绳子拉断了,便一屁股坐在地上,棉被也落到地上,拽也拽不动,只得乖乖地向大人讨饶。大人恼怒极了,但又奈何不得,只能教训几句罢了。

武汉的冬天不寂寞也不单调,飘飞的雪花和温暖的阳光给我们带来无穷无尽的欢乐。当隆隆春雷响彻大地的时候,我们竟怀念起有趣的冬天来了。

关于打预防针的对话

吴书涵

我们这个年龄，最怕什么？有人说是老师的作业，有人说是爸爸的皮鞋，而我说，最怕的是打预防针。

早读课上，班主任老师向同学们作春季疾病预防的宣传："孩子们，为了你们的身体健康，请回去向家长说说打预防针的事儿。可以让爸爸、妈妈带你们到防疫站打针，也可以带钱到学校来打，到时将有医生义务为大家服务。"

教室里立刻像炸了锅，同学们纷纷议论起来——

班长首先表态："我怕疼，什么针都不打！"

我笑了："都多大了，还怕疼？"其实我在心里说，原来不止我一个人怕疼啊。

班长胖乎乎的小脸一板，一本正经地说："那我也就只打流脑和麻风，我去年刚打过甲肝和乙肝。"

我的后桌张扬握紧拳头，似乎在展示自己的强壮："我的身体棒得很，抵抗力强，我什么针也不用打！"

我在心里对他表示了羡慕，可是我也知道，不怕一万，就怕万一。身体好不代表什么都能抵抗。

班主任老师见这样争论不会有什么结果，干脆打断了大家的议论："同学们，打预防针的好处是明显的，就不用再争论了。至于打不打针，回去和父母商议后再决定。我要提醒大家的是，关键是要讲究卫生，勤洗晒衣服被褥，不吃变质的食品，坚持早晚刷牙，饭前便后洗手，少到人群密集的地方活动……"

听了班主任的话，我像遇到了救命稻草，对啊，我只要锻炼好身体，讲究卫生，不就行了！但是，万一出点儿什么事呢？唉，我心里是又担心又害怕，算了，还是回家跟妈妈说吧，只要妈妈说打，那就咬咬牙，打！

我和我的"老铁"

梁靖宇

真正的朋友是什么样的？我觉得每个人都有自己的答案，而我的答案是：朋友是"不打不相识，越打越相知"。

"谁叫我天下无双，乾坤八卦又怎样，就算是……"我与我的"老铁"在欢快地唱着一首歌——《行者》。我俩没事老待一块儿，跟亲兄弟一样，但最常发生的，还是打闹。我们就是打成了好朋友。

我三年级时才认识的他，但友谊却很深厚。所谓"不打不相识"，我俩这战斗力可是很强的，但没有分出谁强谁弱。

一天我们在一些同学的挑拨下，决定pk一把，我一上场就做了一个"你太弱"的手势。他如我所愿的被激怒了，一下扑了上来，好像一只蝎子要扎我一样。我也不甘示弱，似一头凶猛的雄狮一样向前扑打，两个人缠斗在一起，一下滚，一下打，一下抓的。

我们打累了，不打了，是因为我赢了。我很开心，我们都笑了起来，慢慢地我们找到了共同点，整天在一起玩。当然了，也会发生矛盾，我俩也没少打闹，但记忆更多的是彼此在一起的欢畅。

我俩这叫"不打不相识"，我觉得这样的友情才能长长久久，永永远远的保持。

我的同学——小胖

何浩斌

"啊——"这声惨叫一发出来,就知道,一定是小胖又被人"非礼"了。

小胖是我的同学,他的脸胖胖的,脸蛋上肉乎乎的。所以,我平时最喜欢捏他的脸蛋。这时,他就会用他的家乡话来说:"瞅你那样,还捏我的脸蛋子!"我也会学他的口音说:"瞅你那小样,捏了你脸蛋咋的了!"他生气了,脸上揪成一团,咬着牙说:"好你个何浩斌,你……你给我等着,此仇不报非君子!"那样子,活像个马戏团的小丑。

小胖是典型的屁股上长钉子,从来就坐不安稳。"丁零零……"上课铃响了,小胖伸着懒腰坐在位子上,同学们都做好了课前准备。小胖却左扭扭右晃晃,一会儿准备喝水,一会儿拍拍我的头,找我说话,一会儿扮卡通人物，没有半点做课前准备的样子。要不是老师点他的名，他还不知道要弄到什么时候呢！

即使上课，小胖也没有一个安静的时候。我可是深受其害。同学们向老师问完好刚坐下来，他那一套就来了。"小斌斌，讲个笑话给我听吧！"他揪着我的耳朵说。我没有动，忍耐着。他见这样没有用，就拿起了圆规对着大腿一扎，哇！我差点叫出了声来。我咬牙望着他，他却像个发了财的乞丐——笑得不亦乐乎。我忍不住了，狠狠地掐了小胖的腿。这一下，终于可以安静一会。不一会儿，我感觉脸被人揪了过去，原来是小胖报复了。这时，老师严厉的目光正望着我们这儿。我心里暗暗地想着："嘿！小胖，这下有你好受的了！"谁知老师却把我叫到了门外。

唉！这让我无奈的小胖。

对不起，军军

张文瑞

从小我就是一个特别爱干净的人，最讨厌有人脏乱不讲卫生。而军军的卫生很不好，还经常会搞得他周围的人身上不是脏就是臭！为此，我一直离他远远的。

还记得那次在楼道里的事，我仍耿耿于怀。正走着，突然感觉手被什么冰凉的东西喷了一下！我赶紧举起手，发现手上布满了大大小小的斑点，还是蓝色的，太瘆人了！我不觉地颤了颤。往后一转，只见军军正满脸歉意地笑着。我顿时大发雷霆，把他狠狠地说了一顿，便转身就走。整个一下午，他都没有说过话，只是每节课一下就在我座位旁边转悠着，仿佛要说什么，却都把话给咽了回去。旁边的同学时不时挤一下他，他却都没有生气，可能是胆小的缘故吧！

终于熬到了放学。我赶紧走出校门，迈着沉重并快速的步伐往家里走。不一会儿便走到了小广场旁，那里有几个同学在打篮球，我注意到，那个最矮最胖的人是军军。只见他轻而易举一连投进了好几个球，我惊呆了！他竟然这么厉害，情不自禁地，我坐在旁边的木椅上观看着这场比赛！

横空、运球、三步上篮，一个华丽丽地连续动作使这时的军军特别帅气。"噗"一声，篮球被投进了一个泥土坑里，他们把它捡起来时，球已经不成样子了！下一回合，这个浑身是泥的篮球扑到他的身上。"天哪！"我差点叫出声来。军军崭新的白衣服上竟然布满了泥点，我原以为他会马上转身去骂那个投球的人，结果却没想到他轻轻地走到那位同学的面前，很自然的用手擦着污渍，不知道他说了些什么，那位同学紧张的神情立马烟消云散，他们又开开心心地投球了。

一瞬间，我心里有股莫名其妙的感动，只是爱面子也爱干净的我还是没有勇气向他道歉。

时间过得很快，转眼间我们已经分开了。儿时的事只记得一些，那些琐事便没有了印象。只是关于军军那一幕，我还是记得，我欠他一个道歉。

我眼中的李老师

马文涛

她的眼睛大大的,看起来非常精神,高直的鼻子长在桃形的脸上,牙齿白的像雪,笑起来嘴就占了半张脸——她就是李老师。

李老师是五班的班主任。在我的印象中,她负责,慈爱,伟大,勇敢。她不是我的第一个老师,但却是我人生中对我影响最大的一个人。

李老师非常的有责任心,就拿一件事来说吧!

那一天,我因为打扫卫生回家很晚。路过办公室时,忽然看见办公室灯亮着,我便好奇地走了过去。原来是李老师正在写教案,看到这里我不禁感动得流下了眼泪,因为李老师最近得了感冒,她带病还在加班工作。从此以后我决定好好地对她,让她少一点儿负担,多一分温暖。

她负责,慈爱,伟大,勇敢。在我心目中,她是一位好老师,也是一位英雄。

我的老师——李强

梅语昕

李强——132的"老班",人称"强哥",此人多才多艺,篮球、羽毛球、乒乓球、唱歌、书法、电焊样样精通,另其讲课水平也乃一流,与李阳的"疯狂英语"可以说是不相上下,深受大家喜爱。

"强哥"浓眉大眼,自封"帅哥"。一头个性的浓密黑发直直地立在脑袋上。长方脸,鹰钩鼻,一副眼镜乃是脸上唯一的修饰品,透过厚厚的镜片可以看到那双闪烁着自信与快乐的眼睛,眼睛上有两排又长又卷的睫毛,据说其睫毛上可以放一根火柴。睫毛上方有两个隶体的"一"字,唯一的不足是那黑黑的皮肤,不过这倒也是最好,算得上最健康的颜色了,刚好能衬托出他的强壮,朴实。

"强哥"是运动健将。试问,学校里哪一场篮球赛没有他的身影?哪天早晨的羽毛球场没有洒下他的汗水?因为有这样的健将老班,所以我们这些学生也都深受熏陶,被其他老师比喻为"猴"。

听"强哥"的课对我们来说是一种放松,也可以说是一种享受。在他的课堂上总是爆笑连连,欢乐不断,这使得我们乐在其中,同时也学到了知识。

"强哥"热心能干。学校的水龙头坏了,他修;班里的桌椅坏了,他修;就连学校的下水道堵了,他也忙着去疏通……但从来没有任何怨言。

别看"强哥"表面大大咧咧,其实他是"粗中有细"。一开学,当我们第一次离开家过集体生活时,他就给每个寝室配备上了针线,还有体温计。当有同学不舒服时,他总是变魔术似的拿出应急药,打开他办公桌的小柜子,可以看到,里面放了满满一袋子药和消毒棉球、棉签。运动会上,他还带来了葡萄糖粉、葡萄糖液给运动员喝……很难想象,一个年轻男班主任,竟是如此的心细。

此外,"强哥"还很……咦,不好意思,"强哥"来了,我先撤了!

最喜欢的补课班

王慧茹

很多小伙伴特别讨厌补课班，千方百计地想要逃离，而我觉得，要是它非常有趣的话，我可以上一百年。

比如我现在的补课班，是我最喜欢的补课班，第一节课就会给每个小伙伴一个大大的"乐"。

刚报完名来试课的时候，教我们的老师是姚老师，老师说我们可以叫她"啦啦"老师。因为她小时候喜欢唱："啦啦啦，啦啦啦，我是卖报的小行家……"所以别人都叫她"啦啦"。

首先，老师让我们先做小游戏，是叫"三打白骨精"，输了的人要说自己的名字、兴趣爱好。每个人输了以后，老师会依照输的次数加分，下课后就会根据分数的多少给月芽币，这样你就可以用月芽币去换取小礼品。

每个人玩完之后，第一环节就开始了，这个第一环节是成语接龙，它被叫为"集腋成裘"。因为成语是指定的，所以说对了加二十分，说的是别的成语加十分。成语讲完后，我们就会开始背。第一次就能背会的叫"小天才"，第二次叫"小人才"，最后背会的叫"小火柴"。"小天才"加一百分，"小天才"加五十分，"小火柴"加十分。第二环节是"快乐聊吧"和"开心小练笔"。比如说："啦啦"老师去公园玩，突然听到了"啊"的声音，谁在叫，后来发生了什么？老师说，可举手回答发生了什么，也可以不举手写在笔记本上。不会的同学，"啦啦"老师会在课堂上讲三大空间，跟思维导图差不多，引导同学们思考。然后写完你就可以休息了。

　　第二节课，"啦啦"老师就会让我们复习一下成语，还能记住的同学会给奖励分数。之后就是第三环节"儿歌学方法，快乐写作文"。这可是我最害怕的了，因为我半个儿歌都不会。老师也会提问让我背儿歌，是会有分数的。第四环节自然是写作文，不过在这之前老师会在电脑上显示出谁是上一节课的小作家。老师在我们写作文时，会让我用一些成语，并要学着运用从儿歌里学到的写作方法。

　　一日为师，终身为父。"啦啦"老师是女老师，那应该是：一日为师，终身为母。虽然她现在在教别的小伙伴，但是我永远不会忘记老师与她教的知识。

新 的 教 室

李晨旭

开学了,我终于可以见到期待已久的小伙伴了,更值得高兴的是,我们要分新的教室了。

开学那天,一早我六点就起床来到了学校去播音,到十一点多我就去了陈老师的办公室。

陈老师直接带我去了新的教室。我们的教室在三楼,刚一进去就看到了一幅美丽的景象:教室里非常干净,一排排桌椅整整齐齐的,犹如一排大雁整齐摆了一个"一"字一样,两边墙壁上还贴着我们所有人画的诗配画,有《小池》《小儿垂钓》《晓出净慈寺送林子方》……很多古诗,再往远看一块儿黑板报上画着一幅美丽的画,画的栩栩如生,除了我们美丽的王老师,还能是谁的杰作呢?还有一些字,你看那肯定就是我们负责任的陈老师写的,再看黑板报,旁边有一些字规规矩矩的,非常漂亮。再看我们前排的黑板有四块儿,还有我们的"金属"多媒体看起来干净整洁美丽,让人走的时候忍不住回头看一眼。

看完了之后,想一想还是有点儿留念,我太喜欢这个教室了。

给大自然的一封信

单怡情

尊敬的大自然婆婆：

您好！

我是您千千万万孩子中的一员，一名普通的小学生。给您写这封信，一是要向您道歉，二是向您保证，我们以后一定会好好爱您的。

我知道人们破坏了环境，砍伐了许多树木，污染了清澈的湖水，满地都是废纸，还在名胜古迹上乱涂乱画。看天空，那湛蓝的天空，似乎也变得模糊极了。清新的空气，也不再是那么清新了。

对不起，大自然。我们不应该这样做，但如果不砍伐树木，那怎么会有房子、餐具呢？我们这样做是有点过分，但作为一名少先队员，就应该去阻止这种破坏环境的行为。实在对不起了，大自然婆婆，我会尽量劝人们不再破坏环境。

如果有人踩踏花园,我就会立起一个公告牌"小草有生命,足下多留情"。如果有人浪费水资源,我就会立起"保护水资源,生命真永远"的公告牌。

大自然婆婆,我会保护环境,有废纸便捡起来,让大自然也变得漂亮起来。大自然婆婆,如果您看到我的信,您应该知道我对你爱护的负责了吧?

祝您能够变得漂亮起来。

自然保护者:单怡情

2017年×月×日

请保护好我

——给人类的一封信

钱君蕊

亲爱的孩子：

你们好！

作为你们共同的母亲，实在是忍不住要给你们写这封信，如果再不通知你们，以后恐怕就没有再相见之日了。

你们一定很惊讶，我是谁呀？其实我就是你们亲爱的地球妈妈，我原来是美丽动人的，像太阳公公那样的帅哥都喜欢我。

可是现在呢，以前你们一直在打仗，弄得我伤痕累累，连最丑的行星都要躲避我三分。即使你们现在不打仗了，可是你们却砍掉了我的衣服——大树。还把清澈的水池弄混浊，让我痛苦万分。你们口口声声说要保护地球，你们的小朋友经常看的动画片《熊出没》里的光头强,老砍树最后还不是输给了熊大和熊二。

人们啊!我都是为了你们好,我就不提以前的事了。我只希望你们能不砍树,不掉废品,不把水弄混浊就行了,看到废物在地上,顺手扔进垃圾桶不就行了吗?你们看,多简单呀!

如果你们再继续这样做的话,会导致沙尘暴的来临,海啸的来临,会遭到大自然的惩罚的。之所以我会提醒你们,是因为你们是我的儿女,是从我的身体里生长出来的。

亲爱的人们,请你们尊重一下你们的母亲——地球,这样我也会尊重你们。

愿你们身体健康。

你们的妈妈:地球

2017年×月×日